だいわ文庫

丁寧に暮らしている暇はないけれど。

実践！　自分にぴったりの住食衣41のヒント

一田憲子

JN089917

大和書房

はじめに

暮らしまわりをテーマにした本を作っていると、「イチダさん、さぞ丁寧に暮らしているんでしょうね?」と言われるのですが、実情はその真逆。気がつくと、仕事机の上には書類が散乱。え～っと、あれはどこにいったっけ?といつも探し物をしています。取材が終わって買い物袋を手に帰宅すると、「あ～、ごはん作るの面倒くさっ!」と思いながらキッチンに立ちます。さらに、生まれながらの大ざっぱ人間。引き出しにあれこれ突っ込みすぎて、開かなくなることはしょっちゅうだし、夫には「このお鍋、ちゃんと洗えてないやん」と叱られる始末です。

それでも、私は「暮らすこと」が大好きです。イライラしながらキッチンに立っても、やがて煮物がくつくつ音を立て、いい匂いが漂ってくると、ふ～っと心が落ち着くし、「今日はもうパスしようか?」とくじけそうになる自分をはげましながら拭き掃除をすれば、空気までが清々《すがすが》しくなったようで、「あ～、すっきりした！」と深呼吸したくなります。実は、何が丁寧で、何が丁寧でないかの境界線なんて、気にすることはないのかもしれません。どたばたしている日も、静かに窓の外を眺める日も、どちらも私の一日。そうやって自分の暮らしを愛《いと》おしむだけでいい。

世の中には、政治、経済、アート、自然などさまざまな世界が広がっています。そこで知ったことを家に持ち帰り、ビジネスの話を掃除の能率へ、アートをティータイムのひと時へと、毎日の中に落とし込む。そうやって、世界を自分のものにしていく場が「暮らし」だと思っています。短時間でごはんを作ることも、手をかけずに部屋をこざっぱり保つことも、私の在り方、生き方へとつながっています。

この本では、面倒くさがりの私が、毎日時間に追いかけられながら、「それでも」と暮らしを味わうために普段やっていることを綴《つづ》りました。時間がなくても、面倒くさがりでも、暮らすことって楽しい！　丁寧に暮らしている暇はないけれど――。「けれど」の先にある、自分らしい日々をこれからも探していきたいと思います。

目次

2 最小限の片づけで日々を快適に

3 簡単でおいしい毎日のごはん

4 おしゃれのさじ加減

5 なんでもない時間こそ宝物

1 時間をかけずにきれいを保つ掃除法

ゴミ箱の中を拭く

1

タオルやＴシャツなどをカットしたウェスを用意しておく。

2

ゴミの日にゴミ袋をすべてはずす。

3

消毒用エタノールをスプレーしてゴミ箱の外と内側を拭く。

右ページ／手前のシルバーが生ゴミ用、奥の緑色のゴミ箱はびん、カン用。a／ゴミ箱の中を拭くと臭いも取れる。b／Ｔシャツなどをカットしたウェスはガラスびんにストック。

「意志」や「やる気」で続けるのは無理

わが家でキッチンの生ゴミを入れているのは「ブラバンシア」のシルバーの30リットル用のゴミ箱です。10年以上使い続け、ごく最近新しいものに買い替えました。料理家さんやスタイリストさんのお宅でも、よく見かける「ブラバンシア」。あるとき、伊藤まさこさんのキッチンでも、わが家と色違いの真っ白なゴミ箱を見つけました。違ったのが、まるで新品のようにまったく汚れがなくピカピカだったということ。

「買ったばかりなの？」と聞いてみると、「いえいえ、5年は使っているかな？」とのこと。「へ～、ずいぶんきれいだね」と言うと、「だって、ゴミ捨てのときに外も中も拭いているもの」と伊藤さん。「え～！」と思わず声をあげてしまいました。だって、ゴミ箱の中まで拭くなんて！　いらなくなったタオルやTシャツをカットして、家中の拭き掃除をする、というのがまさこ流。ゴミ箱も外側と内側を、そのウェスで拭いて、使い終わったらポイ！と捨てちゃうそう。

家に帰り、キッチンの片隅にあるわが家のゴミ箱をもう一度じっくり見てみました。すると、その汚さに唖然。油はねでベトベトしているし、下のほうにはいつかのソースが！　きゃ〜、これはいかん！と私もまさこ流をまねしてみることにしました。消毒用エタノールをシュシュッとスプレーしてから拭くと、油汚れもサッと落ちるし、ゴミ箱の中の除菌消臭になり一石二鳥。

それまで、たまにゴミ箱を拭くとしたら、一日の終わり、つまり夜でした。でも、器を洗い、シンクまわりをきれいにしたら、もう疲れて、ゴミ箱は「ま、いいか」とパスしてばかり。そんな私が、朝「ゴミ捨てのたびに」やるようになると、週に2回は必ず拭くようになったのです。これは、まさに奇跡のようなこと！　そんな経験を経て、家事で大切なのは「流れ」なんじゃないだろうか、と思うようになりました。

きれい好きの人は、「気がついたときに」掃除ができます。でも、ズボラな人は、「決めごと」をしないと「きれい」をキープできないのです。さらにどんなに「決めごと」をしても、それを「意志」や「やる気」で続けようとしても無理！　唯一の方法が、暮らしの中で無意識に続けられる「流れ」に組み込むこと。それが、自分にとって自然な流れであれば、「できない」が「できる」にくるりとひっくり返ります。

私にとって、家事の楽しさは、くるりと回ってズボラを抜け出し変身する快感を味わうことなのかもしれないなぁと思います。

洗濯機の糸くずフィルターを洗う

1

洗濯をするついでに、洗濯機の洗剤の注ぎ口をタオルで拭く。

2

月に1度、糸くずフィルターを洗う。

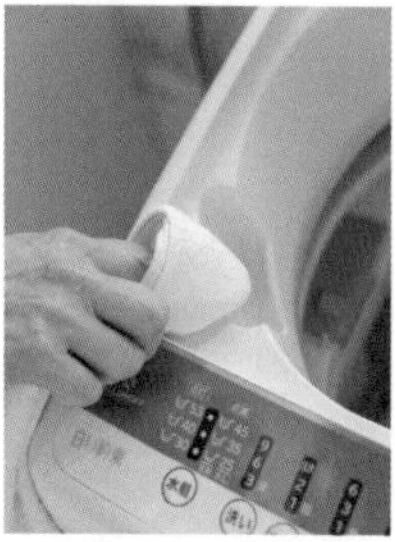

右ページ／洗濯機の糸くずフィルターを
洗って干す。上／その日洗濯するタオル
で、洗剤の注ぎ口まわりのホコリを拭く。

「ついで」の組み合わせを見つける

汚れているのはわかっているけど、面倒でどうしても腰が上がらない。「明日こそはやろう」と決心するのだけれど、当日になったらまた優先するべきことが出てきて、結局後まわしに……。家の中には、そんな「見ないことにしよう」とほったらかしの箇所があちこちにあります。

ゼロからやろうとすると、面倒になるので、だったら「ついで」にやってみようと、「ついでシステム」を作ってみることにしました。

たとえば洗濯機。洗剤の注ぎ口がベトベトしていて、そこに衣類の糸くずやホコリなどがついて汚くなりがちです。そこで、洗濯の「ついで」に、その日洗うタオルで、注ぎ口まわりをササッと拭き取ります。タオルは洗濯機の中にそのままポイ！　これを習慣にしてから、洗濯機の姿がずいぶんべっぴんさんになりました。

さらに、1か月に1度、糸くずフィルターをはずしてゴミを取り、洗って、靴下などを干すついでにピンチにぶら下げて干します。ここは、こまめに掃除をしないと、たまった糸くずに水垢がついてヘドロのようになってしまうので、面倒でも自分を奮い立たせて洗います。

シーツを洗う日は、布団やベッドマットを干し、ついでにベッドをエイヤと持ち上げて、床に掃除機をかけてモップで拭きます。ついでにやらないと、一生やらないかもしれないので……。ベッドの下って、ホコリがたまりやすいんですよね。ベッドの上のものをすべて庭に運んで干している間に、掃除をすれば簡単にすむ、というわけです。

掃除をする前には、食卓の上にあるものを片づけます。昨日ポストから取ってきたＤＭをチェックして、いらないものをすべて処分。バッグから出して置きっぱなしだったノートや書類を書斎に運び、食卓の上に何もない状態にしてから、掃除に取りかかります。掃除と片づけをセットにすることで、部屋がこざっぱり復活します。

面倒くさいと思っていたことが意外にラクにできちゃう。そんな組み合わせを発見すると、なんだか得をした気分になります。もしかしたら、心地よい暮らしをつくるために必要なのは、マメだったり几帳面であることよりも、自分の暮らしを分析し、できることを見つけて「暮らし方」の経路を組み立てる知恵なのかも。その設計図を書くプロセスこそが、毎日を豊かに耕してくれる気がします。

「予防する」という掃除もある

1

夜寝る前に、排水口からトラップとゴミ受けをはずして乾かしておく。

2

水切りかごは、キッチンの扉に引っ掛けて乾かしておく。

3

スポンジやたわしは、洗濯ハンガーに吊るしておく。

右ページ／寝る前に、排水口トラップとゴミ受けをはずして洗い、朝まで乾かしておく。a ／水切りかごも吊るして朝まで乾かしておく。b ／キッチンの扉にドアハンガーフックを取り付ければ手軽に吊るすことができる。c ／スポンジやたわしも洗濯ハンガーに吊るしてひと晩乾かす。

なんでもカラッと乾かせば、ラクしてきれいに

あ〜面倒だな〜とか、忙しくて時間がない！とか。そうやって後まわしにし続けると、後で痛い目にあう……。そんな失敗を繰り返し、ようやくわかったのは、大変なことになる前に、汚れを「予防する」ことでした。第一の手段は、カラッと乾かすということです。

誰かのうちにズカズカと入って行き、普段は目にしない、暮らしの舞台裏まで見せてもらう。それがライターの特権かもしれません。奈良の「くるみの木」のオーナー、石村由起子さんのキッチンで「へ〜っ！」と感心したのが、夜寝る前に、排水口のトラップやゴミ受けをすべてはずして、シンク内に置いておくことでした。常に水に浸かっているので、どうしてもヌメヌメしがちなココ。それを取り出して、水気を切って、朝まで乾かしておきます。

さらに、「チェック&ストライプ」の在田《ありた》佳代子さんのご自宅で「これ、いただき！」と思ったアイデアが、これまた寝る前に水切りかごを壁面に吊るしておく、という方法。ステンレスの水切りかごは、水垢がつきやすく、しかも汚れたかごを洗う

って、大変な作業なのです。そこで、シンク横に置きっぱなしにせず、壁に吊るして、細部まできちんと乾かすことで、ヌメリを撃退するというわけ。

「乾かす」って、なんて優秀な〝予防法〟なんでしょう！

スポンジも同じです。わが家では、食器洗い用と、シンクやガス台まわり用のふたつのスポンジを使い分けています。さらに、じゃが芋やごぼうなどの野菜を洗うミニたわしと、フライパンなどの焦げつきを洗うたわしを使います。これらをすべて、シンク横のスポンジホルダーに置きっぱなしにすると、なかなかきちんと乾きません。たわしなどは、だんだんヘンな臭いになってきたりして……。濡れたまま置いておくスポンジには雑菌が繁殖します。そこで寝る前に、すべてをシンク上に引っ掛けた洗濯ハンガーに吊るしておくことにしました。朝起きると、カラッカラに乾いています。

手間をかけなくても、吊るしておくだけでOKなので、掃除いらず！　器や鍋類もすぐにはしまわず、器はキッチンクロスで拭いてから食卓に並べておきます。鍋や菜箸など調理道具も洗って拭いて、キッチンワゴンの上に並べておきます。これを朝しまいます。わが家では、夜寝ている間に「乾かす」という予防掃除が進行中なのです。

掃除は毎日する

1

ハンディタイプのクイックルワイパーで部屋中のホコリを取る。

2

「マキタ」のコードレス掃除機をかける。

3

拭き掃除、トイレ掃除をして30分で終了。

c

b

a

右ページ／ホコリは舞い上がらないよう、絡め取る。a／何かを移動させて掃除機をかけるのは面倒なので、床の上には何も置かない。ソファの下もすっと掃除機が入る状態に。b／床掃除は「エコンフォートハウス」のMQモップで水拭き。c／拭き掃除はマイクロファイバークロスで。

30分で終わることが、毎日続けるコツ

私は、掃除が大の苦手で、部屋の中にふわふわと綿ボコリが舞ったとしても「死にゃ〜しないさ」と見て見ぬふりができる人間です。たまに掃除機を手にしたとしても、チャッチャーと四角い部屋を丸くかけておしまい。几帳面な夫が、私が掃除をした後に、もう一度部屋の隅々まで掃除をする姿にムキ〜ッと怒り、ケンカを繰り返した結果、掃除は彼にお任せする、ということに決めていました。そんな私が、まさか掃除ができるようになるなんて！　きっかけは、取材で聞いた掃除の達人「ごんおばちゃま」のひと言です。

「掃除は、汚れていなくても毎日します」

え、掃除って汚れているからするんじゃないの？と思いながらも、教えられた手順で、まずはやってみることに。ごんおばちゃまのもうひとつの教えが、「毎日30分以内ですませること」。30分以上やると、イヤになって続かないのだと言います。

1日目。ずっと掃除をしていなかったので、部屋のあちこちにホコリの吹きだまりを発見！「あちゃ〜」と驚きながら、はりきって掃除機をかけていると、あっとい

う間に時間切れ。わが家は築50年の古い平屋で、キッチン以外に4部屋があります。あれ？全然終わらないじゃん！と、途方にくれました。

2日目。ソファの下には雑誌が突っ込まれ、チェストの下にはダンボール。そのまわりにホコリがふわふわ。「床に物を置いてあるから掃除がしにくいんだ」と気づき、それらをぜんぶ出して、片づけたり、処分したり。結果、30分オーバーでした。

3日目。2日間でベースを整えたので、これでやっとスタートライン。まずは部屋中の家具や鴨居などのホコリをクイックルワイパーではらい、掃除機をかけ、キッチンや洗面所、廊下の床にモップをかけ、雑巾でテーブルやチェストの上を拭く。ここまででジャスト30分です。

こうして毎日続けるうちに、どんどん掃除がラクになってきました。そうか！とやっと気づきました。「毎日やるからラクなんだ」「ラクだから、毎日続けられるんだ」って。掃除ができるようになると、なんだか暮らしに「自信」のようなものが持てるようになるから不思議です。生活のベースになる部分が整い、地に足をつけている感覚が味わえるのかも。30分の効果は、意外に大きいのです。

P
消毒用エタノールIPA
500mL

すべてを「なかったこと」にできる消毒用エタノール

1

消毒用エタノールのスプレーを常備する。

2

油汚れなどにシュッと吹きかけてふきんで拭き取る。

右ページ／薬局などで消毒用エタノールを購入。上／レンジまわりなどにシュッと吹きかければ汚れがすぐ取れる。

サボった分を取り戻せるレスキュー法があれば安心！

わが家には、夕食後「作った人は洗わない」というルールがあります。たいていの場合、私が料理を作るので、食べた後に食器を洗うのは夫の役目。ただし、洗ってくれるのは器や鍋のみ。シンクやガス台、排水口の掃除まではしてくれません。そこで、途中でバトンタッチ。シンクの内側や、ガス台まわりに重曹を振りかけてさっと洗います。さらに、排水口の中のトラップをはずして洗う。これをやっておかないと、すぐにヌメヌメになってしまうので。

でも……。これは元気で、時間に余裕がある日のお話。仕事に追われていると、この一連の作業をパス！　疲れがたまっていて、食後ソファになだれ込んで寝てしまった日にもパス！　パスが3日ほど続くと、キッチンがだんだんベトベトになってきます。ため込んだら後が大変！とわかっていても、食後どうしてもキッチンに立てない日だってあります。

さらに、問題は換気扇。わが家は古い一軒家で、換気扇はプロペラが回るというたって旧式のものです。これをはずして洗うのが面倒くさい……。1か月に1度掃除するのが理想なのですが、換気扇フードの中は外からは見えないので、3～4か月ほったらかしのことも。すると、油汚れとホコリが固まって、大変なことになります。

そんなズボラな私の力強い味方が、消毒用のエタノールです。薬局などで手に入り、お酒と同じ種類のアルコールなので、食品まわりに使っても安心。私は5リットル入りの大容器で買い、スプレーボトルに移し替えてべたつく場所にシュッ！　すると、油とホコリが一緒になった頑固な汚れでも、ササッと簡単に落とすことができます。しかも揮発性が高いので二度拭き不要。電子レンジの庫内や冷蔵庫など、掃除しにくい場所も、これさえあればシュッ！サッ！で、汚れが「なかったこと」になります。

日々の掃除でも、ガスレンジまわりの壁面にはコレを使います。飛び散った油は、ふきんでヘタに拭くと汚れを広げることになってしまいますが、これならさっとひと拭きでたちまちきれいになりラクチンです。

毎日きちんと続けられればいいけれど、完璧を求めると、できなかった自分に後ろめたさを感じながら暮らさなくてはいけません。サボった分を取り戻せる「レスキュー法」を見つけておけば、「ま、いいさ」とおおらかな気持ちでいられるのです。

キッチンクロスは洗うより煮たほうがラク！

1

鍋に水と重曹1さじを入れ、キッチンクロスを入れて火にかける。

2

弱火で10分ほど煮る。

3

すすいで、シワを伸ばして干す。

右ページ／キッチンが片づいたら最後にキッチンクロスを煮沸。a ／上の淡い色は食器用、下の濃い色は手拭き用。b ／煮沸が終わるとすすいで廊下の物干しスタンドに干しておく。

1枚のキッチンクロスを清潔に、大切に、長く使いたい

12年ほど前に今の家に引っ越して、気持ちも新たにすべてのキッチンクロスを買い替えました。タオル類は、「せ～の」で〝全取り替え〟するのがいつもの方法。

リネンのクロスは丈夫なので、10年間使い続け、2年前に新たに買い替えました。どこのものにしようか？と探しまわり、たどり着いたのが「R&D.M.Co（オールドマンズテーラー）」のキッチンクロスです。生地を織るところから手がけ、手間と時間をかけて作られたクロスは、リネンにつきものの毛羽がまったくなく、強くてしなやかです。今は、食器を拭く用と手拭き用、2種類を5枚ずつ、合計10枚を使いまわしています。

リネンのクロスといえば、忘れられない思い出があります。陶芸家の清水善行さんのお宅に取材に伺ったときのこと。奥様ののばらさんが使っていらっしゃる雑巾に「あれ？」と目が止まりました。どこかで見たことがある。どこだっけ？と思いを巡らせていると……。あ！　私とおんなじキッチンクロスだ！と気づきました。

新しいときには器を拭き、使い古したら雑巾に。ボロボロになってもなお、きちん

と洗って使い続けられている姿にハッとしました。ものを「使い切る」ってこういうことなんだ……と教えていただいた気がします。

当時の私といったら、いろんな柄のキッチンクロスに目移りして、あれこれ買っては取り替えてばかり。もっと1枚をおしまいまでちゃんと使おうと決意したのでした。だから、引っ越して買いそろえたキッチンクロスを10年をめどに使い続けたのです。

一日の終わりに、使い終わったキッチンクロスを鍋で煮ます。最初は石けんで洗っていたのですが、石けん分がなくなるまですすぐのは、意外に時間がかかります。少しでも石けんカスが残っていると、イヤな臭いの原因になります。洗濯機で洗うという人も多いようですが、パンツとキッチンクロスを一緒に洗うわけにはいきません。でも、わが家はふたり暮らしなので、2回洗濯機を回すほど洗濯物は多くないし、忙しい朝にはそんな時間もない。そこで「ふきんを煮る」ことにしたわけです。たいして汚れていなければ、お湯でグラグラ煮るだけでOK。油がついていたら、重曹を1さじ。泡立たないのですすぎも手軽です。臭いも取れて、簡単にさっぱりすっきり！パンパンとシワを伸ばして干したら、私の一日が終わります。

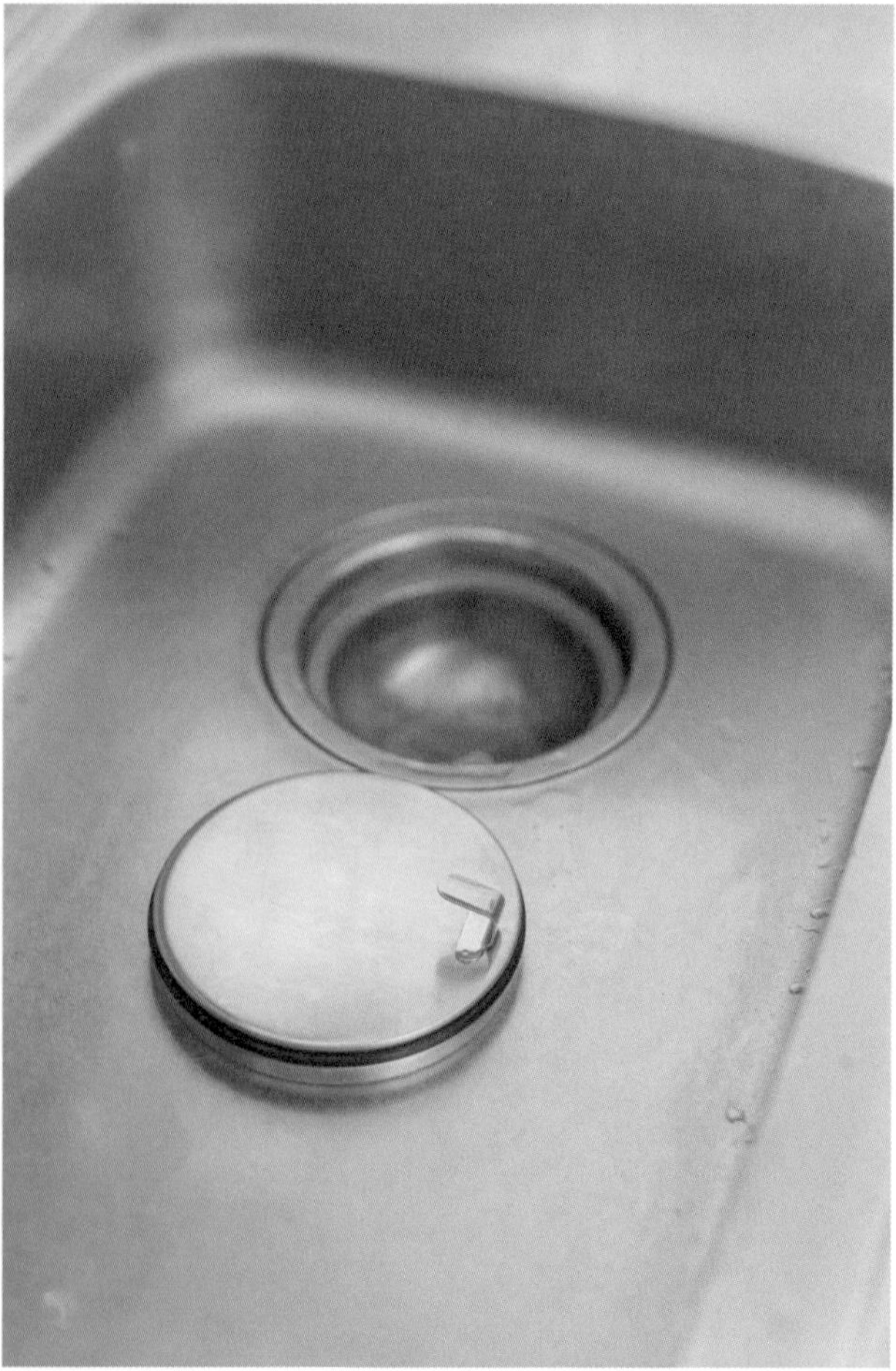

一発逆転ホームランの魔法のフタ

1

シンクにフタをする。

2

お湯をためて、「アルカリウォッシュ」を適量入れる。

3

油で汚れた五徳や、ヌメリがついた水切りかごなどを浸けておく。

4

水で洗い流す。

右ページ／排水口用のフタは「R＆M」のもの。上／ゴムパッキンでピタッとはまり、水をためることができる。

一番ダメな状態の自分を知っておく

私は猪突猛進型《ちょとつもうしん》の性格なので、同時進行でふたつのことをするのがとても苦手です。原稿を書きながら、次の仕事の下準備を始めておけばスムーズなのに、すべて書き終えてからでないと取りかかることができません。

家事においても同じこと。「取り返しがつかなくなる前に」と、水切りかごをさっぱり乾かしたり……とルーティンを決めておいても、原稿の締め切りが近づいて「頭の中は仕事のこと一色」という状態になったり、出張が続いて疲れがたまってくると、次々に「毎日やること」のシャッターが閉まっていきます。

かろうじてごはんは作っても、キッチンの掃除はパス！　これが1週間ぐらい続くと、ガス台まわりはベトベト、シンクまわりや水切りかごの隅っこにヌメリが発生、という事態に。ガス台なんて5分あれば拭けるし、水切りかごを拭いて吊るしておくなんて1分でできるのです。でも、それに手を出す心の余白がない。すべてをバランスよくこなせる器用さ、冷静さ、緻密さが、私には決定的に欠けているようです。

そんな自分のものぐさっぷりを知っているので、キッチンまわりのものは、どんなにベトベトになっても「復活」できる素材を選びます。調味料を入れておくキャニスターや、乾物を保存しておく容器などは、プラスチック製品だとどんどん劣化するし、油汚れがなかなか落ちません。そこでステンレスかガラス製品をチョイス。これなら、熱いお湯で絞ったふきんで拭くだけで、さっぱりきれいになります。

そして、最後に一発逆転ホームランを打つ奥の手があります。使うのは、シンクの排水口にカパッとハマる専用のフタ。これをすると、シンクいっぱいにお湯をためることができます。あまり多く入れると水圧でフタが開かなくなってしまうので、6分目ぐらいにし、ここに「アルカリウォッシュ」（セスキ炭酸ソーダ）を入れて溶かし、水切りかごから五徳まですべてを浸けておきます。あとは、水で流しながら洗うだけでピッカピカ。手間も時間もかからず「復活」させられるというわけ。

理想の暮らし方があっても、それを「いつも」続けることができるとは限りません。一番ダメダメな自分に落ちたとしても、レスキュー方法さえ知っていれば、また新しい朝が始まります。

NATANE
SALAD
OIL
圧搾
一番搾り
オーサワ
Carbonell
ORGANIC

油のびんの口は拭かない

1

サラダ油、ごま油、オリーブオイルは、小びんで買う。

2

アルミトレイの上に、ボトルのサイズにカットしたダンボールを敷く。

3

油を使ったら、その上に戻す。

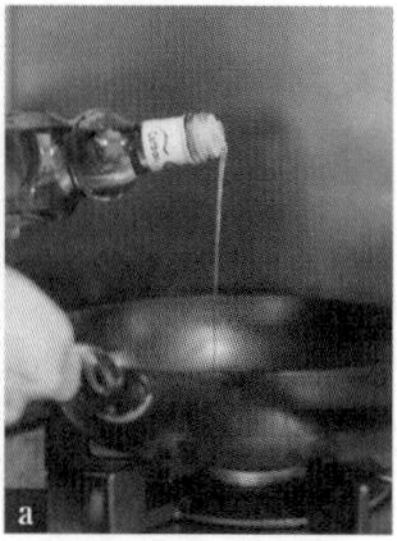

右ページ／加熱用オリーブオイルは「カルボネール」、ごま油は「オーサワ」、なたねサラダ油は「ムソー」の小びん。a ／小びんなら片手で使いやすい。b ／ダンボールをカットして下に敷き、液だれ対策。

「使うたびに拭く」なんて、無理！

わが家のキッチンでは、塩、砂糖、しょうゆや酒、油などの調味料は、容器に移し替えてシンク前の出窓に並べています。いちいちシンク下から取り出し使用後にしまう、というのが面倒でこのスタイルになりました。でも、どうしても油を入れたオイルポットだけが液だれし、ポットもその下のトレイも汚れてベトベトになるのです。

そんなとき、実家に帰って、夕飯の準備をする母の横に立ち、おしゃべりしていたら……。母は、シンク下から、調味料の大びんを取り出して使うタイプ。すると、使った後に、引き出しをサッと開け、そこにしまってあるトイレットペーパー（キッチンペーパーではないところがミソ）をちょっとちぎり、びんの口まわりをササッと拭いて、シンク下にしまったのでした。

「え？　毎回いちいち拭くの？」と聞いてみたら、「当たり前じゃない！　拭かないと下が汚れるでしょう！」とおっしゃる。「なるほど……」と帰ってさっそくまねしてみました。私の場合、いらない布をカットしてウェスとして使っているので、それを使えばいいかと。ところが！　たったこれだけのことが面倒くさい。油を使うのは、鍋やフライパンを火にかけているときです。つまり、急がなくちゃ鍋が熱くなりすぎたり、焦げたり。後で拭こうととりあえず定位置に戻し、結局そのまんま。そしてオイルポットもトレイもベタベタに。

何度も、今度こそちゃんと拭こう！と決心するのですが、急いでいると「ま、いいか」となる。そんな失敗と後悔を幾度となく繰り返し、最終的にどうしたかというと、「使うたびに拭く」という習慣は、私には無理、とあきらめた！

その代わり、オイルポットを使うことをやめ、少々不経済ではありますが、サラダ油、ごま油、オリーブオイルは、小びんを買って、そのままシンク前に並べることに。さらに、ダンボールを四角く切って敷き、その上にボトルをのせることにしたのです。これなら多少液だれしたって平気だし、ボトルが汚れてくるころには油を使い切り、新しいものを購入。このサイクルで「まぁまぁきれい」をキープしています。オイルポットの中を洗って乾かす、という手間を省けるし、移し替えることで油が空気に触れて劣化することもない。な〜んだ、いいことばっかり！　もっと早くあきらめればよかった！　今では、買ってきた新品のびんを並べるたびに、「あきらめるってなかなかいいものだ」と、さっぱりさわやかな気分になるのです。

汚れない冷蔵庫にする

1

野菜は、サイズ別にジッパー付き保存袋に入れる。

2

冷蔵庫の野菜室に立てて整列させる。

3

汚れは気づいたときに、消毒用エタノールをスプレーして拭き取る。

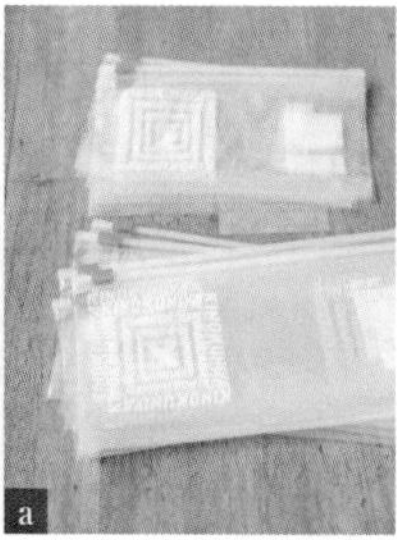

右ページ／冷蔵庫の野菜室は、保存袋を立てて収納。a ／長ねぎなど細長いものは「紀ノ国屋」のスライドジッパーバッグに。b ／買ってきた野菜はジッパー付き保存袋に移す。

野菜は1種類ずつジッパー付き保存袋に

いつも何気なく使っているのに、汚れがたまっていることにまったく気づかず、ふとしたきっかけで、ギョッとすることがあります。そして、この「ギョッとする」汚れがあるのは、大抵が掃除しにくい場所なのです。

たとえば、冷蔵庫の野菜室。ある日、引き出しの底がちらりと見えたとき、玉ねぎの皮や長ねぎなどが吹きだまり、つぶれたトマトの汁がこびりついていたりして……。ワワ！これはいかん！と思うものの、急いで夕食の準備をしている最中だと、庫内のものをすべて出して、拭いて、などはとてもできません。結局、「後でやろう」とそっと閉め、ごはんを食べ終わるころにはすっかり忘れています。

なんとかしなくてはと考え、「庫内が汚れないようにしまえばいいんだ」と気づきました。野菜クズがたまるのは、それぞれの野菜を入れたビニール袋などからこぼれ出るから。これを1種類ずつ「ジップロック」のフリーザーバッグに入れ、きちんと口を閉めて保存することに。最近の「ジップロック」の保存袋は、スライド式のジッパーなのでさらに便利です。

このとき、トマトで1袋、しめじで1袋、キャベツで1袋と、1種類1袋にすると、何がどれぐらい残っているか、在庫管理がしやすくなります。庫内にきちんと立てて並べることができるので、上から重ねて突っ込んで、下に何が入っているかわからない……という事態を防ぐことができ、忘れ去られたきゅうりのミイラが出てくることもありません。

大、中、小の「ジップロック」のフリーザーバッグを常備して、〝玉ねぎを半分使った残り〟は「小」に、小松菜はキッチンペーパーで包んでから「大」に、というようにしまうもののサイズに応じて使い分けています。おすすめなのが、スーパー「紀ノ国屋」オリジナルのスライドジッパーバッグ。横長サイズなので、長ねぎを3分の1に切ったものや、きゅうり、にんじんといった細長い野菜を保存するのにぴったり！　通販でも購入できます。

冷蔵室の棚板や扉のポケットなどの汚れは、「気がついたときだけ」と割り切ります。消毒用エタノールをシュシュッとスプレーし、ウエスで拭き取れば簡単です。きれいにしなくちゃと思いすぎると気が重くなります。ラクして適度に清潔に保てるように。汚れないように先まわりしておくことも、なかなか有効です。

お風呂&トイレ掃除は
マイクロファイバークロスで

1

湯船や床は、シャワーで流しながらマイクロファイバークロスで洗う。

2

最後にバスタオルで床や壁の水分を拭きあげておく。

3

トイレの便器の中も、マイクロファイバークロスで洗う。

右ページ／干した姿が美しいように、グレーのマイクロファイバークロスで統一。a／バスルームの扉のレールはホコリがたまりやすいので、毎日拭く。b／浴槽は洗剤を使わず、シャワーで流しながらクロスで洗う。c／風呂のフタは突っ張り棒に干しておく。

時には、今までの方法をやめてみるのもいい

掃除の達人に、掃除の仕方を習ってから、水まわりの掃除をマイクロファイバークロスでするようになりました。お風呂掃除用のスポンジも、トイレブラシも処分。

私は、朝半身浴をするので、その流れでお風呂掃除に取りかかります。まずは、タオルで風呂のフタを拭き、バスルームの天井近くにセットした強力突っ張り棒にかけておきます。これは、フタの裏にすぐカビが生えてしまうので考えついた防止法。ちゃんと「干しておく」ことで、フタをずっときれいにキープできます。

そして、マイクロファイバークロスを右手に、シャワーを左手に持ち、水を流しながら、湯船や床、排水口あたりをサササッと洗います。洗剤で洗うと、その泡を洗い流すのに時間がかかります。でも、この方法なら、なでるように湯船を洗うだけでＯＫ。洗面器や椅子もこのクロスで洗い、窓辺に干しておきます。

バスルームの大敵はなんといってもカビ。湿気が多い時期は、床や壁の隅っこにカビを発見したりします。そこで、自分が使ったバスタオルで、壁面、床を拭きあげることに。これは、ギャラリーフェブの引田かおりさんに教えてもらった方法です。

最後にバスルームから出るついでに、手に持っていたマイクロファイバークロスで、バスルームの扉と下のレールを拭いて終了。お風呂の扉まわりって、意外に汚れがち。私も以前は、ココを放りっぱなしにしていたので、カビで黒ずんでいました。たまに「やる気」になったときに、綿棒でかき出してもなかなか取れない！　でも、毎日そんなに丁寧にでもなく、適当に拭くだけで、驚くほどきれいに保てるのです。ここまでやっても5分ほどで終わります。

トイレ掃除は、2枚のマイクロファイバークロスを使います。まずは1枚目で手洗い部分や便座のフタの外側、床などを拭きます。次に2枚目で便座の裏や便器まわりを拭き、最後に便器の中に重曹を振りかけ、手を突っ込んで、マイクロファイバークロスでこすります。最初は手で洗うことに抵抗があったのですが、一度やってみるとすぐに慣れました。トイレブラシって、雑菌の温床です。思い切って処分し、「手洗い」にしたことで、さっぱりしました。

今まで当たり前だと思っていた方法をやめてみるのは、なかなか有効。「あれ、こうじゃなくてもいいんだ」と発見できれば、家事がぐんとラクになる気がします。

洗濯のマイルール

1

タオルは乾きやすい平織りのものを選ぶ。

2

バスタオル専用ハンガーで干す。

3

足拭きマットは毎日洗う。

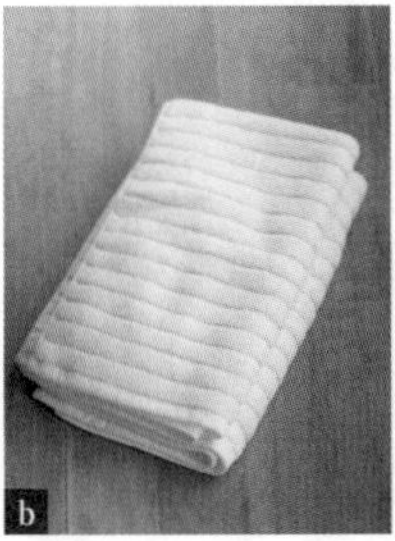

右ページ／バスタオル専用ハンガーは「アールエスハンガースタジオ」のもの。半分に折りたためる。a／バスタオルとフェイスタオルは「伊織」で。b／足拭きマットは「無印良品」。

タオルは平織り、と決めました

天気がいい日に思いっ切り洗濯ができると、ただそれだけで幸せな気分になります。太陽の下でタオルやシャツをパリッと乾かし、夕暮れになる前にちゃんと取り込んで、部屋がお日様の匂いでいっぱいになる……。専業主婦の方にとっては当たり前かもしれませんが、仕事をしていると、洗濯と心のゆとりがリンクしてくる気がします。

でも、現実にはそんなことを言っている暇はありません。朝は時計とにらめっこで洗濯物を干し、日が暮れたころに帰宅し、湿りがちな洗濯物を取り入れるという日がほとんど。

だからこそ、毎日洗濯するタオルなどは、乾きやすいものを選びます。わが家では、バスタオルからフェイスタオルまで、家中のタオルが平織りのものです。ふんわり起毛したタオルが好き、という人もいますが、私はサラッとした肌触りで、洗えばすぐにカラッと乾く平織りのタオルが好き。生乾きで臭いが気になる……なんてこともないし、たたんでしまっても場所をとりません。干すときは、普通のハンガーの2倍ぐらいの幅がある、バスタオル用ハンガーで。私は、「アールエスハンガースタジオ」

のシンプルなシルバーのものを使っています。

バスマットも毎日洗います。実は、以前はバスマットだけ別に洗っていたので、つい面倒で、1週間に1度、ふと気づくと1か月も洗っていない！というお恥ずかしい状態でした。汚れが目立たないように、こげ茶やグレーのバスマットを使っていましたが、なんだか不潔だよなぁと思って、システムを変更することに。まずは、真っ白な「無印良品」のバスマットを2枚購入。これを、「毎日」ほかの洗濯物と一緒に洗うことにしたのです。薄手なので、夕方には、これまたパリッと乾きます。

柔軟剤は使わず「エコベール」の洗濯洗剤を。洗濯ネットは「無印良品」のものを。このネットは目がとても細かいのが特徴。濃い色の衣類を洗うと、白い毛羽がつきがちですが、このネットに入れるとまったくつかなくなるので大助かりです。

カシミヤなどもすべて洗濯機で洗っています。ネットに入れて、「ザ・ランドレス」のカシミヤ専用の洗剤で洗えば、ふんわりと仕上がります。この洗剤は価格がお高めですが、ランドリーに出すと思えば安いもの。1本買えばほぼひと冬持ちます。何をどれぐらいの頻度で、どうやって洗うか。洗濯は意外や頭を使う生活管理だと思います。

2 最小限の片づけで日々を快適に

キッチンワゴンでシステム改造

1

キッチンワゴンにかごを組み合わせる。

2

かごごとに役割を決め、必要なものをまとめる。

3

掃除するときは、かごごと移動。

右ページ／「イケア」のキッチンワゴンに「無印良品」のステンレスワイヤーバスケットを組み合わせて。a ／フリーザーバッグは、大、中、小に分けてガラスびんに立てておく。b ／「ジップロック」のスクリューロックとコンテナーはここに。c ／かごごとはずせば拭き掃除もラク。

お買い物の後は、「片づけシステム」を再構築

昨年「イケア」でキッチンワゴンを買いました。結構大きなサイズなので、邪魔になるかなと思ったのですが、これが大正解！　よく使うものをすべてここに集結させたら、日々のごはんのしたくがぐんとラクになりました。全方位360度から出し入れできるのが、ワゴンのいいところ。ただ、棚板にホコリがたまりやすく、モノグサな私はきっと、いちいちものを移動させて拭き掃除はしないだろうな〜と考えました。

そこで「無印良品」のステンレスのかご7つをセット。棚板1枚にかご4つがぴったり入りました。かごを持ち上げれば、一気にその下を拭くことができ、掃除もラクチンです。

まずは、かごひとつごとに役割を決めました。キッチンに一番近い位置のかごには、パン用の木皿とヨーグルト用のガラスボウル、紅茶の茶葉やコーヒー豆を入れた缶を。そのほか、根菜のかご、いろいろなサイズの「ジップロック コンテナー」だけをまとめるかごなど。ジッパー付き保存袋は箱から出して、大、中、小とサイズ別にガラスびんに立て、ひとつのかごにまとめておくと、すぐに使うことができます。

かごが7つなのは、残り1か所にオーブントースターを組み込んだから。今まで、パンはガス台に焼き網をのせて直火で焼いていたのですが、新しいコンロに買い替えたら自動消火機能がついていて、パンがうまく焼けなくなってしまいました。そこで、泣く泣くオーブントースターを買うことに。キッチン家電を買うと、便利なんだけれど置き場所が……となりがちです。そこで、ワゴンにちょうど収まるコンパクトサイズを、と探して「デロンギ」のミニコンベクションオーブンをチョイス。スムージーを作るためのジューサーもワゴン内に収めます。

日々は流れるように過ぎていきます。ちょっと「不便だなぁ」「使いにくいなぁ」と感じても、その改善策を考えて、今のしまい方や作業の順番などを変えるのは、なかなかパワーがいるもの。つい「ま、いいか」と問題解決しないまま流してしまいます。だからこそ、新しいモノを買ったときがチャンス！　今までの方法をリセットし、「これをここに入れたら出し入れしやすいな」とか「これとあれを1か所にまとめると便利」など、新たなシステムを再構築します。このプロセスが面倒だけど、楽しい！　そして、完成した後には、明日がちょっと変わる気がするのです。ほんのささやかなことではありますが、そこに暮らしのお楽しみがあります。

洋服はたたまない

1

押し入れの中にポールを取り付けすべての衣類を吊るす収納に。

2

下着や靴下はたたまず引き出しに投げ込むだけ。

右ページ／押し入れ上段にポール２本を取り付けてクロゼットに。a ／後ろの列には季節外のものを、前の列にはオンシーズンのものを。b ／靴下や下着はたたまない。

引き出しの中まで整理しない

わが家は古い一軒家なので、押し入れがたくさんあります。この家に引っ越してきてすぐ、洋服をどうやってしまおうか、と考えました。そこで思いついたのが、押し入れに棚板を取り付け、洋服屋さんの棚のように、たたんだ服をずらりと並べるという方法。

賃貸なので壁を傷つけるわけにはいきません。まずは2間《けん》の押し入れの両脇に、板をはめ込み、そこに角材を取り付けました。これを「受け」にして板を渡し、棚を作ったというわけです。ここにシャツやセーター、パンツをたたんで並べました。

5〜6年このスタイルを続けましたが、たたんでしまう、というのがなかなかできません。つい、「ま、とりあえず」と服を突っ込み、たちまち服の山に。どうやら、私にはこのしまい方は無理だったようです。

そこで今度は、押し入れ上部の奥と手前に、2本のポールを取り付けました。すべての衣類をハンガーで吊るすという作戦です。押し入れは、奥行きが深いので、奥はシーズン外のもの。手前が今のシーズンのもの。ニット類は吊るすと伸びてしまう、と言いますが、気にしません。そしてこれが大正解！　ハンガーにかけて吊るすだけなので、整理整頓しなくても、いつもピシッと服が整列してくれます。シワになりにくく、取り出してすぐに着られるのもいいところ。

押し入れ下段には、「無印良品」の引き出しを組み込んで、下着や靴下などをしまっています。ただし、この中はぐちゃぐちゃ。パンツは下着用の引き出しに、たたまず突っ込むだけ。毎日「あのネイビーの靴下どこだっけ？」と引き出し内を掘っています。気が向けば、引き出しの中身を全部取り出して、整理することもありますが、たちまち元の状態に戻ってしまいます。

でも、ま、いいか、と思うのです。そこまで完璧じゃなくてもいい。「えっと、たしかネイビーの靴下は、右の奥のほうだったかな」とゴソゴソかきまわして「ほら！やっぱり！」と掘り当てる。今のところそれでいいかなと思っています。

多分、どうしても必要になったとき、自分が続けられる適切なしまい方が見つかるのだと思います。「機が熟せば、きっとなんとかなる」というのが私の持論。それまでは、無理して引き出しの中まで整理して自分が疲れてしまわないように……。パンツをたたまなくても、私の毎日は、今のところ快適なのですから。

中は片づいていなくてOK

1

引き出しやボックスの中まで無理して整理しない。

2

がまんできなくなったら、半年に1度ぐらい片づける。

右ページ／食卓の上にカトラリーを入れた箱をスタンバイ。上／リビングのサイドボード上の引き出しの中はごちゃごちゃ。

「できない」ことを認めれば、次の一歩が見える

キッチンのシンク脇の引き出し、リビングのサイドボード上の引き出し、洗面所のチェストの引き出し。これらの引き出しは、開け閉めのたびに中身が引っかかってしまうほど、中がグチャグチャです。食卓の上には、カトラリー用と文房具用のボックスを置いていますが、これらも適当に放り込むだけ。毎回、「ティースプーンどこだっけ?」とか、「バターナイフもう1本あるはずだけどなぁ」と中を捜し、「あった!」と使います。

そういえば、小学生のころから机の引き出しの整理整頓ができませんでした。几帳面な性格ではないので、こういうところが全然ダメ。あまりに混沌としてきて「もうダメだ!」と思うと、半年に1度ほど引き出しをひっくり返して中身を全部出し、いらないものを間引き、きちんと並べ直しますが、すぐに元の状態に戻ってしまいます。

若いころ、自分に「できないこと」があるのが許せませんでした。100点がココなら、ココまで行かなくちゃダメ。できないのは、自分の努力が足りないから……。でも、歳を重ねるにつれ、すべてに100点をとるなんて無理、ということがわかっ

てきます。いいじゃない、おしゃれについてわからないなら、先輩に教えてもらえば。いいじゃない、校正が苦手でボロボロ間違いを見落とすなら、得意な人に見てもらえば。いいじゃない、庭掃除が苦手なら夫に任せれば。いいじゃない、引き出しの中がグチャグチャならそのままで。

自分の「できない」を認めて誰かに助けてもらうことを、誰かの力を借りれば自分一人ではできないことも実現可能なことを知りました。「できない」とあきらめれば心が軽くなって、明日が楽しみになることも。

かといって、目に見える場所が散らかり放題だと気になるのです。私の母がずっと言い続けていた言葉があります。「掃除をしたら、掃除をしたふうに見えないとダメなのよ」と。つまり、掃除をした後には、クッションの曲がりをただし、机の上のDMを片づけ、チェストの上の本をきちんとそろえる。こうして「最後の仕上げ」をしなければ、掃除をしたふうには見えません。

私は、ちゃっかりこの「最後」だけを頂戴し、掃除をしていないのに、見た目だけを整えるのが得意になりました。引き出しの中が片づいていなくても、閉めてしまえば、部屋はスッキリ見えます。それでいいじゃん、と思える自分にやっとなりました。

バッグの中身の置き場所を作る

(1)

食卓近くにボックスを用意する。

(2)

外出から帰ったら、バッグの中身をボックスにザザッとあける。

(3)

翌朝、その日使うバッグに持っていくものを詰める。

b

a

右ページ／ボックスにカバンの中身を移す。左のボックスには折りたたみ傘など毎日は使わないものを。a ／腕時計の指定席はここ。b ／ストールや手袋は玄関脇に置いたバスケットへ。

いつもの行動パターンに沿ったしまい場所を

仕事から帰ってドタバタと夕飯の準備をし、食べ終わったら、書斎に直行してメールチェックを。そのうち眠くなってお風呂に入って寝る。そんな生活の中で、持ち帰った仕事バッグは、リビングに取り残されたように置きっぱなしになっています。翌日は、荷物がやや多めなので、大きめのトートバッグをチョイス。「あ〜、間に合わない！」とあせりながら、昨日のバッグから財布やら、手帳やらを移し替え、駅についたら、Ｓｕｉｃａがない！　昨日のバッグのポケットの中に入れっぱなしになっていた……。何度かこんなことを繰り返し、食卓のすぐそばに、バッグの中身を移し替えるボックスをスタンバイさせることにしました。

わが家の食卓は、木製のりんご箱ふたつを両脇に並べた上に木の天板をのせたスタイルです。脚にしているりんご箱の中に「無印良品」のファイルボックスがピタッと収まりました。スリムだけれど深さがあるので、長財布も手帳もすっぽり入ります。バッグを逆さにして中身を放り込み、ボックスをりんご箱の中へ戻せばスッキリ！

家で仕事をする日が続くと、以前なら数日前に持って帰ったバッグが、食卓脇に置きっぱなしでした。でも、移し替え作戦を実行するようになってから、空のバッグは押し入れにしまうようになり、部屋が散らからないのもいいところ。

収納場所を作る、ということに、私はとても慎重です。というのも、何回も失敗してきたから。「ここは○○のしまい場所にしよう」とはりきって、かごやボックスを用意しても、いつのまにか、いろんなものを突っ込んで、結局不要なものがたまるだけ……。出し入れの循環がなければ、死蔵品を増やすことになってしまいます。

循環を生むためには、「面倒くさがりの私のいつもの行動パターン」に沿った収納システムを作ることが大事！ということにやっと気づきました。「バッグの中身のしまい場所」以外にも、たとえば玄関には「ストールと手袋をしまうかご」を置いています。リビングボードの上には、「腕時計を入れるケース」を、洗面所には「アクセサリーケース」を用意しました。玄関を入り、マフラーと手袋を取ってかごにポイ。リビングに入って時計をはずしてケースにポトン。アクセサリーをはずして手を洗ったら、最後にバッグの中身をボックスにザザ〜ッとあける。これが、ズボラな私でも、毎日続けられる行動&片づけパターンです。

12
3
10
17
24
31

書類は分類せずに、時間軸で整理

1

書類や資料は、1項目ずつクリアファイルに入れてラベルを貼る。

2

ボックスファイルに立てておく。

3

新しいファイルを作ったら、一番右に入れる。

4

古くなるほど左に寄っていくので、1か月に1度チェックして処分する。

右ページ／仕事机の上。書類は分類せず、新しく作るたびにクリアファイルに入れ一番右に差し込む。上／「ポスト・イット インデックス」を利用。

自然に古い書類が「押し出される」整理法に

紙モノの整理って、誰もが頭を悩ますことだと思います。一番いいのは、古くなった情報はその都度処分すること。でも紙類は、何が古くて何が新しいか、アップトゥデイトで分類するのもかなり手間がかかる！

私はフリーライターなので、いろいろな出版社と仕事をします。『暮らしのおへそ』の資料もあるし、『大人になったら、着たい服』の書類もある。『天然生活』のデータを集めたり、雑貨店「hal《ハル》」を営む後藤由紀子さんの単行本用のレイアウトをプリントアウトしたり。そんな書類を、以前は会社ごと、媒体ごとに整理していました。

最初はファイルを用意してファイリングしようとしましたが、いちいち穴を開けて綴《と》じていくのが手間で続きません。ボックスファイルに投げ込み式にしましたが、会社ごとには分類されても、ボックスの中で新旧が混ざりあってごちゃごちゃに。どうも、私にはこまめに整理分類する方法は向かないようです。

何年か前に、『「超」整理法』というベストセラーとなった本を書かれた経済学者の野口悠紀雄さんの取材をさせていただいたことがあります。先生が提唱されていた整理法が「押し出しファイリング」というもの。私も普段の書類の整理に、この方法を取り入れることにしました。

方法はいたってシンプルです。どんな書類も会社ごと、媒体ごとには分けません。つまり、「分類」するのをやめるのです。その代わり、「時間軸」で整理をします。まず、クリアファイルに書類を入れて、ラベルを貼り、ボックスにどんどん立てていきます。ラベルはポスト・イットのラベルタイプを使えば簡単だし、殴り書きだって大丈夫。クリアファイルの端にペタッと貼るだけです。取り出して使ったクリアファイルや新しく作ったファイルは、ボックスの一番右に立てます。つまり、使われずに古くなるにしたがって左へ寄っていく仕組み。使われないファイル（書類）ほど左へ左へと「押し出されて」いきます。そして、常に一番右が、一番新しいファイルに。1か月に1度ほど、左側に「押し出された」ファイルで使わないものを処分します。

この方法を取り入れて、書類を捜す時間がぐんと減り、整理のストレスがなくなりました。お子さんの学校のプリントなどにもきっと応用できるはず。ぜひ試してみてください。

3 簡単でおいしい毎日のごはん

献立のパターンは、いつも同じ

1

安心できるおかずを作り続ける。

2

時がたつほどおいしくなるものを作り置きする。

右ページ／ピーマンの肉詰めは夫の大好物。a ／紫玉ねぎと紫キャベツのマリネは、よく作り置きする1品。b ／鶏肉にカレー粉をまぶして焼き、水はいっさい加えずにトマトと玉ねぎを順番に重ねて煮込むだけの簡単作り置きおかず。

おいしく夕飯を食べることが、一番の幸せ

取材先や友人の家でごはんをごちそうになり、「これ、おいしい!」と思ったら、必ず帰って作ってみます。料理本を見るだけではここまでモチベーションは上がらないのに、自分の舌で味わうってすごいパワーを生むものだなぁと、帰宅後キッチンに立つたびに実感します。料理上手になる一番の近道は、やっぱり、おいしい体験をたくさんすることなのですね。

ところが……。はりきって新作を作り、「あそこで食べたのと同じにできた!」と喜んでも、夫には不評なことが多いのです。とくに彼がダメなのは、フルーツを使ったサラダや和え物、ハーブやスパイスをきかせた薄味の料理など。りんごとキャベツのサラダや、柿とかぶの白和え、豚肩ロースのスパイス煮込みなど、せっかく作ったのに、食べやしない!

そして、肉じゃがやピーマンの肉詰めなどのいたって普通のおかずを作ると、「やっぱり、こういうのが一番やな」とおいしそうに食べる! そんな経験を繰り返して、新作はめったに作らなくなりました。新しい調味料をそろえ、手間をかけて作った一

皿も、喜んで食べてもらえなかったら、「せっかく作ったのに！」とプリプリしながら食べることになります。そんな思いをするなら、いつものおかずでいい。

家庭料理は「ずっと同じ」だからこそホッと安心することが、ようやくわかってきました。実家に帰り、小さなころから食べていたおかずが出てくると、「お～、これこれ」とうれしくなります。味の記憶って、大切に育ててもらった記憶のことなのだなぁと。だから、私も自信を持って作れるものを、繰り返し作ればいい。「これ、先週も作ったよな」と思っても、食べ慣れた、いつもの味の夕食は、やっぱりおいしいのです。レパートリーはそんなにたくさんなくていい。いつも同じで、ときどき更新。そんなペースでいいかなと思っています。

基本的に、できたてを食べるのが好きなので、作り置きはあまりしたくありません。でも、冷蔵庫に1品おかずがあるだけで、心の負担がぐんと軽くなるのも事実です。そこで、作り置きは、時間を経るほどにおいしくなるものだけに。キャロットラペや紫キャベツのマリネなどのさっぱり系のものと、鶏肉のカレートマト煮込み、仙台麩《ふ》と舞茸の煮物など、煮込み系の料理を。「今日もおいしかったね」と笑いあうことは、仕事で何かを成し遂げることよりずっと大事かなと思うこのごろです。

大根の煮物を夕飯の主役に抜擢《ばってき》する

1

昆布と鰹節でだしを引いて冷凍しておく。

2

米ひとつかみを入れて大根を下ゆでする。

3

鶏肉や厚揚げ、ちくわなどと一緒に煮る。

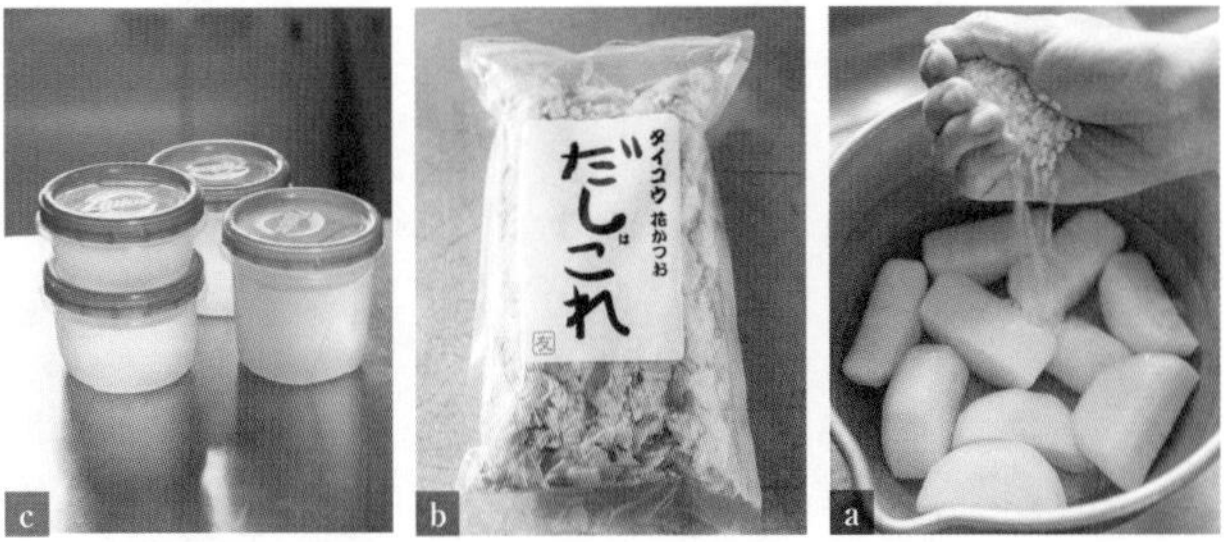

右ページ／大根は厚く切るのがごちそう感をアップさせるコツ。a／米をひとつかみ入れて下ゆでする。b／鰹節は「タイコウ」の「だしはこれ」を愛用。c／鍋いっぱいにだしを引き、「ジップロック」のスクリューロックに小分けにして冷凍しておく。

だしと下ゆでが、いつもの味に仕上げるポイント

私は、大根の煮物が大好きです。食欲は面倒くさがりを超える大きな力になるもの。おいしく煮物を食べるためであれば、手間も気になりません。

とびきりおいしい大根の煮物は、立派なメインのおかずになります。あとは、あじの干物でも焼いて、白菜の漬物があれば大満足。大根をハフハフ頬張るだけで幸せな気分になります。手間と時間をかけるからこそ、脇役ではなく、主役に格上げしたい。そのためにも、絶対に失敗しない手順を編み出しました。

まず、一番大事なのがだし。その都度だしを引くのは面倒なので、まとめて大鍋いっぱいに作って、小分けにして冷凍します。だし昆布は、辰巳芳子さんセレクトの「利尻切り落とし昆布」というお徳用の大袋を、鰹節は、「タイコウ」の「だしはこれ」を使います。だしを冷凍する際に便利なのが、スクリュー式のジップロック。フタがぴったり閉まるので、冷凍庫に入れるときに傾けたらこぼれちゃった！なんてこともありません。473ミリリットルの中サイズなら、大根½本分を煮るのにちょうどいいぐらいの量になります。

鍋に水と昆布を入れて火にかけ、煮立つ直前に鰹節を入れて火を止め、こせばできあがり。本当はさらしなどでこすものですが、私は面倒なのでざるで。多少鰹節のカスが残ったって気にしません。このとき、鰹節をケチらずに「箸が立つほど」多めに入れるのがコツ。鰹節はそこそこ高いので、最初はケチケチ控えめに使っていましたが、量が少ないとだしが薄くなり、味が決まりません。晩ごはんのおかずを一品減らしても、鰹節の量は減らさないと決めました。

次に下ゆでを。大根は厚く切ったほうがごちそう感が出るので、中まで味を染み込ませるために、鍋に水をはって米をひと握り放り込み、やわらかくなるまで下ゆでします。このひと手間が面倒ですが、しっとり味が染み込んだおいしい大根に変身するのですから欠かせません。その後、水気を切った大根とだしを鍋に入れ、鶏肉や厚揚げ、ちくわなど、こってり感をプラスする食材と調味料でコトコト煮ます。

これだけの時間をかけるのですから、1日で食べ終わってはもったいない！　いつも鍋いっぱいに作り、3日間ぐらいかけて食べます。一日一日と味が染み込み、おいしく変わっていく大根。仕事からの帰り道、「さぁ、今日も大根があるぞ！」と思うとうれしくなるのです。

ドレッシングは買わない、作らない

1

きゅうり、アボカドなど、切った野菜を塩麹とごま油で和える。

2

お皿にルッコラやクレソンなどを盛りつけ、
塩とオリーブオイルを振り、柑橘類の汁を搾る。

右ページ／塩を振ってオリーブオイルをまわしかけ、レモンなどの柑橘果汁を。a／きゅうりやアボカドはごま油と塩麹で。b／塩は「マルドン」、オリーブオイルは「オルチョ・サンニータ」。

塩やオイルのおいしい組み合わせを知っておく

料理家さんや、素敵な暮らしをしている方のお宅の冷蔵庫に、絶対にないものがあります。それが市販のドレッシング。取材でそれを知って、私もドレッシングを買わなくなりました。たしかに、防腐剤などいろいろなものが入っているし、何よりずっと同じ味だと飽きてしまいます。かといっていろんな味のドレッシングを買っていたら、結局使い切れずに冷蔵庫の肥やしになってしまいます。

とはいえ、サラダを作って、ドレッシングも作って……というのはなかなか手間です。かつては、堀井和子さんの本で見た、万能ドレッシングを作り置いていました。砂糖1、しょうゆ1、酢1、サラダ油2という割合で混ぜておくもの。シンプルなのにおいしくて、ジャムの空きびんに作り置き、フタを閉めたままシャカシャカ振って、サラダにかけて食べていました。

でも、忙しいときに限って、「あ、昨日使い切ったんだった！」となる。ほんの少しだけ残っているドレッシングを出し、びんを洗って新たに作る、というのが面倒で。

ある日、とうとうドレッシングは買わないし、作りもしないことにしました。どうするかというと、野菜に調味料を順番にかけるだけ、にしたのです。たとえば、きゅうりを叩き割り、トマトをざく切りにしてボウルに入れたら、塩麹とごま油で和えます。この塩麹＋ごま油というのは、かなりおいしい！　アボカドとたこでも、レタスだけをちぎって和えても。

もう少しさっぱり食べたいときは、お皿に盛った野菜に塩をパラパラ振って、オリーブオイルをまわしかけ、レモンなど柑橘類の汁をかけるだけ。ただし、シンプルだからこそ、塩とオリーブオイルのチョイスでぐんと差が出ます。塩は辛すぎず、サクサクとした食感の「マルドン」のシーソルトを。オリーブオイルは、「ラウデミオ」が安売りになったときに買うか、「オルチョ・サンニータ」を使います。柑橘系は、レモンでもいいし、すだちやかぼすでも。今年は、知り合いからすだちをたくさんいただいたので、丸ごと冷凍し、解凍しながら使っています。

サラダはフルーツをプラスするとごちそう風に。オリーブオイルと塩で引き立つ、プラムやプルーン、マスカットなど。すべて切ってのせるだけ、なので簡単です。

結局日々のごはん作りは、手をかけることより、いかに自分好みの「おいしい組み合わせ」を知っているかなんだよな〜と思うのです。

肉や魚は冷凍しない

1

肉や魚は多めに買わない。

2

多少多いかなと思ってもその日の料理で使い切る。

右ページ／魚は2尾、肉は150～200gずつ買う。上／肉1パックを肉じゃがに使い切る。

1パックの肉は、すべて肉じゃがに投入

仕事からの帰り道。スーパーの精肉売り場で、毎回同じことを思います。「豚バラの薄切り肉、この前冷凍したよな〜。まだ少し残ってるよな〜。でも、今日作る肉じゃがには、ちょっと足りないかなあ？」

こうして毎回、200グラムほどのパックを購入。結局冷凍庫のものを解凍するのが面倒で、買って帰った肉を使って肉じゃがを作ります。全部使わず、ちょっとだけ余ったものをラップに包んで冷凍庫へ。その結果、冷凍庫にはいつまでたっても使われない余り肉のラップ包みがいっぱい！「今日は忙しくて買い物に行けない！」という日にやっと、冷凍庫の奥深くから掘り出されて日の目を見ます。でも、大抵は1〜2か月はすぐ経過して、冷凍庫がパンパンになり、いつのものかわからなくなった肉を処分……。そんな繰り返しでした。

つまり、私はなんでも冷凍庫へ入れた途端、その存在を忘れてしまうってこと。3切れ1パックで、ふたりで食べて、1切れだけ残ってしまった鮭も、麻婆茄子を作ってちょっとだけ余ったひき肉も、記憶の中から消えていきます。

そこで、肉や魚は冷凍しない！と決めました。買うときは、どんなに安くても多めに買わない。買って帰ったら、余らせないで使い切る！　肉じゃがを作るとき、ちょっと多いかなぁ？と思っても、豚バラ肉1パックすべてを入れてしまいます。忙しくて買い物に行く暇がない、という場合はフリージングが必須でしょうが、私は買い物に行く時間はとれます。そして、フリージングしたものを計画的に時間差で使いまわせるほどマメではありません。だとすれば、できるだけ食材は冷凍せずに、買ってすぐに消費するほうが簡単です。

どうしてもひき肉などは半分しか使わなかったりして、冷凍することがあります。でも、「なるべく使い切る」という意識を持ってから、冷凍庫の中がぐんと片づけやすくなりました。つまり、なんでもかんでも突っ込まないということ。冷凍庫は、買ったものを「眠らせる」場所です。眠らせたら、目を覚まさせなくてはいけません。それを忘れてしまう！　だったら、眠らせる暇もなく食べちゃえ！というわけです。今では、わが家の冷凍庫は、取り寄せているパンと、半年に1度まとめて作るジャム、そしてだしがそのほとんどを占め、残りのスペースに、最小限の肉や魚が入っているだけ。スカスカの冷凍庫はかなり気持ちがいいものです。

定番の炒め物を3つ決める

1

絶対に失敗しない炒め物のレシピを決めておく。

2

15分で仕上げる。

3

きちんと計量していつも同じ味をキープする。

右ページ／肉と野菜を組み合わせた定番の炒め物を決めておく。a ／豚バラ肉とナスの甘みそ炒め。ナス5個分をふたりでペロリと食べる。b ／大根と豚バラ肉の炒め物は、ニラを入れるのがポイント。冷めてもおいしい。c ／もやし炒めは炒めすぎないように。

白いごはんがモリモリ進む、がっつり系の炒め物を

15分ぐらいで夕飯をチャチャッと作りたい、というときは、やはり炒め物になります。ただし、味が決まらない炒め物ほど、がっかりするものはありません。そこで、絶対に失敗しない炒め物を3つ決めています。

ひとつは大根と豚バラ肉の炒め物。これは、煮物を作る時間はないけれど、煮物風のものが食べたいというときに。まずはごま油で豚バラを炒め、イチョウ切りにした大根を加えて炒めます。フタをして少し蒸したら、酒、みりん、甜麺醤《てんめんじゃん》、オイスターソースを各大さじ1、しょうゆ小さじ1を混ぜた調味料を流し込み、最後にニラを加えて完成。

もうひとつは、ナスと豚バラ肉の甘みそ炒め。こちらは、豚バラ肉を炒めた後、ひと口大に切ったナスを加えて炒め、砂糖、酒、みりん、しょうゆを各大さじ½、甜麺醤大さじ2、おろししょうが少々の合わせ調味料を加えて炒めます。

このふたつは、男性も大好きなちょっとこってり系の味。白いごはんがモリモリ食べられます。

炒め物を始める前に、「ストウブ」の鍋に、キャベツときのこなどを放り込み、水

少々を加えて火にかけておけば、炒め物ができるころにちょうど蒸しあがります。これに、塩麹、ごま油を加えてざっくり混ぜればもう1品に。夏なら、生野菜のサラダでも。これで15分ほどで2品ができあがります。

もっと時間がないときは、必殺もやし炒め。ベーコンを油で炒めてよく味をだし、そこにもやしを入れて炒めるだけ。塩や塩麹で味つけをしてもいいし、しょうゆやナンプラーを加えても。これを作っている横で、昆布と水をミニ土鍋に入れて、ねぎ、舞茸、絹ごし豆腐を加えてなんちゃって湯豆腐を作っておきます。これだと5~10分で2品ができあがります。

せっかく作ったのに、いまひとつおいしくないと、忙しい中がんばってキッチンに立ったのに……とガックリきてしまいます。なので、私はどんなに急いでいても、調味料は目分量ではなく計量します。

時にはお弁当やお惣菜を買ってもいいけれど、お腹はいっぱいになってもなんだか満足感が得られません。定番のレシピさえ決めておけば、野菜たっぷりで熱々の炒め物で晩ごはんが食べられて、「あ~、おいしかった!」とニッコリできるのです。

おかずは大皿に盛りつける

1

大きすぎるかな?と思うぐらい大きな器を選ぶ。

2

余白を残して、盛りつける。

3

取り分け用のサーバーを添える。

4

取り皿に取っていただく。

右ページ/左上から時計回りに花岡隆さん作、大嶺實清さん作、伊藤聡信さん作、小鹿田焼。a /上2本の取り分け用スプーンは坂野友紀さん作。b /楕円の皿は食卓のバランスがとりやすい。c /薬味や調味料などを入れるのに、かわいいミニ皿があると楽しい。

余白を作って大皿にちんまり盛ると、おいしそう

わが家の夕食は、大抵が大皿料理です。大根の煮物がドーン！　サラダがデ～ン！　大皿に盛りつけて、各自が皿に取っていただきます。一人前ずつ分けて盛りつけるより、準備がラクだし、皿数が少なくてすむので、後片づけの時間も短縮できます。

でも、何より、私は大皿におかずがデ～ン！と盛りつけられた姿が好きなのです。「これ、ちょっと大きすぎるかな?」と思うぐらい大きな器のほうが、おいしそうに見えます。だから、小鹿田焼《おんたやき》の大鉢も、伊藤聡信さん作のしのぎの鉢も、花岡隆さん作の粉引《こひき》の片口も、よく使う大皿はほとんどが直径30センチ以上。ふたり家族のわりにはすべてがビッグサイズです。

料理を盛りつけたとき、器にいっぱいいっぱいになると、ちっともおいしそうに見えません。そこに「余白」があることで、器と料理が互いに引き立てあって、「おいしい風景」を生み出してくれるというわけ。

里芋の煮っころがしを大きめの片口に、高さを出してちょこんと盛ると、ちょっぴり料亭風に。いつもの春巻きも、大きめのお盆に半紙を敷いて、真ん中あたりに積み

重ねると、「お〜！　おいしそう」と夫が思わず唸《うな》るのがうれしい！

　このとき、平皿ではなく少し深さがある鉢がおすすめ。汁のある煮物も、塩とオリーブオイル、レモン汁を絡めたサラダも、なんでも受け止めてくれます。さらに、深さがあるほうが、おかずが自然に立体的に盛りつけられるので美しく見えます。

　もう1枚プラスするなら、オーバル（楕円）の皿を。丸い形ばかりだと食卓で場所をとりますが、オーバル皿が1枚入ると、スペースをうまく使えるようになります。私は煮物やメイン料理を鉢ものに、サラダ類をオーバル皿に盛ることが多いです。

　そして、大皿料理のときに、なくてはならないのが、取り分け用のサーバーです。ちょっと大きめのスプーンは、いろいろな形のものを見つけるたびに、1本、2本と買い集めてきました。金属のもの、木製、陶器など素材もさまざま。大皿に、この個性豊かなスプーンを添えるのがこれまた楽しい。さらには、ソースを入れるピッチャーや、柚子こしょうを添える豆皿など、ちまちました器を一緒に並べて、変化を楽しみます。どんなに手抜きでも、せっかく時間をかけて作るのですから、目からもおいしく食べたいなぁと思います。

忙しい日ほど揚げ物を

1

野菜を切って揚げ、塩を振って熱々のうちに食べる。

2

肉や魚は揚げて甘酢に浸けてごちそうおかずに。

右ページ／舞茸の揚げ物に塩をパラリ。a ／チキン南蛮は、タルタルソースを絡めながら食べるのがお約束。b ／肉に小麦粉をまぶし溶き卵にくぐらせて揚げ、甘酢だれを絡める。

塩を振ったり、甘酢に浸けたり、アレンジも自在

キッチンが汚れるから、家で揚げ物はしない、という人が意外に多くて驚きます。というのも、私は揚げ物ほど簡単でおいしいおかずはないと思っているので。揚げ物と炒め物では、油はねはあんまり変わらないのでは？と思います。ボリューム感があって、ほかのおかずが少々質素でも、揚げ物を1品加えるだけで、グレードアップ。こんなに便利なおかずだったら取り入れなくちゃもったいない！

わが家の食卓に一番よく登場するのは、野菜の素揚げです。ごぼうやれんこんを揚げ、塩を振って熱々を食べれば、どんなに手をかけた料理よりおいしい！　さつま芋や里芋などは、揚げればホクホクになります。さらにオススメなのが舞茸。きのこ類は水分が多いので、からりと揚げるのは難しいのですが、舞茸だけは大丈夫。サクッとした食感でいくらでも食べられます。

もうひと手間かけるなら、揚げ浸しに。ナス5〜6本を揚げて、しょうゆと酢を各大さじ5、砂糖大さじ1にすりおろした玉ねぎとしょうがを加えた甘酢に浸けておけば、さっぱりといただける1品になります。

肉や魚も、揚げてタレに漬け込む「南蛮漬け」が大好きです。たとえば、チキン南蛮。鶏モモ肉2枚に小麦粉をまぶし、溶き卵にくぐらせて、じっくり揚げます。その後、フライパンに、酢、みりん、しょうゆを各大さじ2、砂糖大さじ1を入れて甘酢だれを作り、少し煮立ててから揚げた肉を入れて絡めればできあがり。ゆで卵と玉ねぎのみじん切りをマヨネーズで和えたタルタルソースも必ず用意して。お腹がペコペコの日のわが家の定番おかずです。

魚ならあじの南蛮漬けもいいけれど、処理が大変なので、私は鮭で作ります。生鮭に小麦粉をまぶして揚げ、玉ねぎ、ピーマンのせん切りと、酢、しょうゆ各大さじ5、砂糖大さじ3のマリネ液で和えます。この2種類の野菜だけのシンプルなものが意外においしい。刻んだり、炒めたり、煮たりとこまごま調理をしなくても、バンと揚げて、ジュッと浸けてできあがり！という揚げ物は、私のように面倒くさがりの人にこそ向いている料理だと思います。

揚げ油の処理は熱いうちに。油こし用のポットに移し、ウェスでまわりを拭けば、熱い油ほどサッときれいにすることができます。コンロまわりも熱いうちにお湯で濡らしたウェスで拭き取ります。

鍋料理は、
脇役おかずでバージョンアップする

1

鍋料理と決めたら、酸っぱいおかずをプラス。

2

余力があれば、甘辛いきんぴらや煮物を作る。

右ページ／鍋料理の副菜には、キャロットラペやごぼうのきんぴらを。a ／キムチ鍋の素は、吉祥寺「ソイビーンファーム」で。b ／「倉敷味工房」の塩ポン酢。

シャキシャキした歯ごたえの違う味を組み合わせて

忙しくて、ごはんを作るのが面倒な夜、みなさん大抵同じかと思いますが、鍋にします。一番簡単なのが常夜鍋《じょうや》。ほうれん草だけの豚しゃぶです。土鍋に昆布を敷いて水を入れ、沸騰寸前まで温めたら準備OK。ほうれん草と、わが家ではもやしも一緒に入れます。あとは、薄切りの豚肉をシャブシャブッとして、「倉敷味工房」の塩ポン酢でいただきます。これがうまい！　お皿いっぱいに並べた豚肉と、ほうれん草2束、もやし2袋をふたりでペロリ。

もうひとつが、キムチ鍋。時間があるときは、豚肉とキムチを炒めて作りますが、ないときは、近所にあるみそ屋さんで買ってきたキムチ鍋の素を使います。まず、土鍋で豚肉を炒め（三重県の「土楽窯《どらくがま》」の土鍋は直火で焼いたり、炒めたりできます）、キムチ鍋の素と水を投入。ここに白菜やニラ、もやし、豆腐などを入れて、ハフハフ言いながら食べます。

水炊き、鶏だんご鍋など、いろいろやってみましたが、いつも食べたくなるのはこのふたつ。今では、鍋といったらこれしか作らなくなりました。

鍋は、家に帰って15分後にはもう食べ始められるから本当に助かります。でも、鍋だけ、というのはちょっと寂しい……。そんなときは、簡単な箸休めを2品ぐらい作ります。鍋が「やわらかく煮て」食べるものなので、シャキシャキした歯ごたえのものをプラス。キャロットラペだったり、大根とホタテ缶詰のマヨネーズ和えだったり、ピーマンのきんぴらだったり。「酸っぱいもの」と「マヨネーズ味」と「甘辛味」のように、味の違う組み合わせになるようにちょっと気を配ります。

夫は、鍋ができているのに待たせると、「もう作らなくていいよ～」と言うのですが、食べ始めると「やっぱり、これがあったほうがええな～」と、鍋→キャロットラペ→鍋→ピーマンのきんぴら→鍋というルーティンを繰り返しています。同じ料理でも、「組み合わせ」によって、おいしさにぐんと差が出るなぁといつも思います。

しょうゆ味に酢の物を、というように味の違うものを組み合わせるのはもちろんですが、食感の違いも、思っている以上に大事なもの。やわらかいおかずに、シャキシャキ、ポリポリといった歯ごたえのあるものを合わせると、どちらもが引き立てあって、「あ～、おいしかった！」と食後の満足感がぐんとアップするのです。

フルーツのコンポートを作る

①

鍋にひとつかみの氷砂糖と白ワイン1カップを入れる。

②

桃や洋ナシ（6個）などのくだものをひと口大にカットして入れる。

③

15～20分ほど煮てできあがり。

b

a

右ページ／季節ごとに、洋ナシや桃などでコンポートを作る。a／「WECK（ウェック）」の1000㎖のガラスびんふたつ分をストック。ヨーグルトをかけて食べる。b／洋ナシなら6～8個まとめて煮る。

靴磨きはしなくても、コンポートは作る

ヨーグルトを食べるときのお供にと、一年中なんらかのくだもので コンポートを作っています。初夏から秋にかけては桃、秋は洋ナシ、冬はりんご。作り方は簡単です。鍋に氷砂糖ひとつかみと、白ワイン1カップほどを入れて、皮をむいてひと口大にカットしたくだものを加えて煮るだけ。15分ほどで完成です。りんごだけはグラニュー糖を使い、柚子を皮ごとスライスしてプラス。ペクチンが加わり、適度にねっとりし、さわやかな香りのコンポートになります。

こんなことを言うと「忙しいのによくやるね〜」とか「マメですね〜」と言われます。この本を読んでくださっているみなさまからも、「イチダさん、丁寧に暮らしているじゃないですか！」と言われそう。でも、そんなつもりなんて、これっぽっちもないのです。ただ一途に、ヨーグルトと一緒にコンポートを食べたい！ ヨーグルト単品より、コンポートとセットにしたほうが、10倍以上おいしいと思うからです。

だとすると、「丁寧に暮らす」って、一体どういうことなのでしょう？ 私は、靴磨きをめったにしませんが、コンポートは夜中にせっせと作ります。庭の草むしりは、

「うちの庭師」＝夫に任せっぱなしですが、シャツからTシャツまでアイロンをかけます。考えてみると、私にとって丁寧か、丁寧でないか、はあまり重要ではないみたい。つまり、「丁寧に暮らす」のは、目的ではない、ということ。

「丁寧に暮らすために」と目標をかかげたとたん、そこへ向かうプロセスは義務になり、イヤイヤやることになり、苦しくなります。私のまわりには、暮らしに手をかけ、毎日を豊かに過ごす素敵な人がたくさんいます。彼女たちに共通しているのが、暮らしの中の「お楽しみの種」をたくさん持っている、ということ。完熟トマトでトマトソースを作り、洋服に合わせてネックレスの鎖の長さを変える。手をかけた数だけ、ワクワクが増えていきます。彼女たちは、毎日やることが多くて、いつも忙しそう。でも、いつ会ってもニコニコ楽しそうなのです。

「丁寧に暮らさなきゃ」とあせるより、「丁寧」の先にある「おいしい」「楽しい」「気持ちいい」という体験をより多く重ねることで、暮らしはぐんと豊かになります。心が目覚めるような上質な体験をしたとき、もう一度あの体験をしたくなる……。それが、「ズボラ」や「面倒くさがり」から脱皮して「丁寧な暮らし」を手に入れるということだと思います。

J
M

4 おしゃれのさじ加減

普通の服を選ぶ

1

シンプルな「普通の」服を選ぶ。

2

着てみてから、鏡の前でバランスを微調整し、
自分でおしゃれ度をアップする。

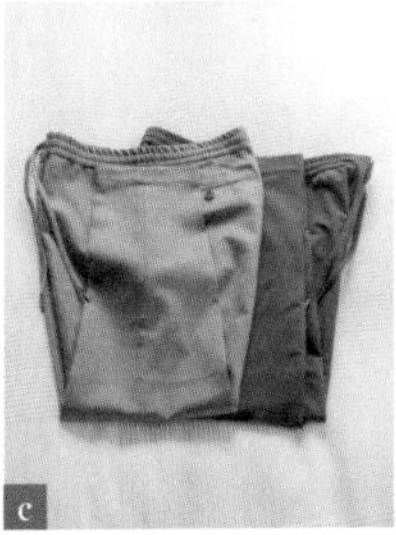

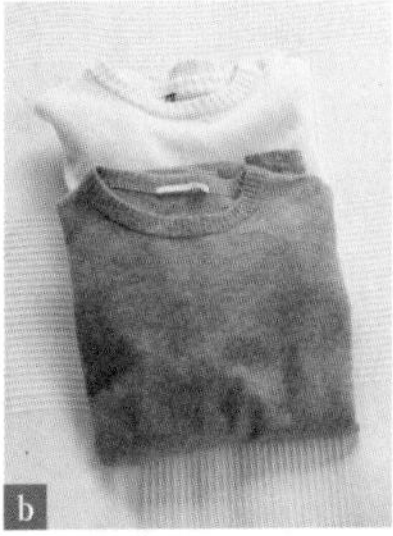

右ページ／ワントーンコーデには、少しだけ白をきかせると元気に見える気がする。a ／手前のリネンシャツ２枚は「スティアンコル」、奥は「ホーチュニア・ゴダータ」。b ／手前は「エヌワンハンドレッド」、奥は「無印良品」。c ／パンツは「モリスアンドサンズ」。

おしゃれは、洋服の力でなく、自分の力でするもの

40歳を過ぎたころ、なんだか今まで着ていた服がすべて似合わなくなったような気がしてきました。同時に「歳を重ねる」ことが憂鬱で仕方がありませんでした。そろそろ、人生の折り返し地点。この後は下り坂になるしかないのだろうか？　キャリアを積んだからといって、それが必ず役に立つわけでもない。これから私は枯れていくしかないんだろうか……。

そんなとき、「何か新しい企画はありませんか？」と知り合いの編集者に聞かれ、「だったら、歳を重ねても素敵になれるおしゃれの本が作りたい」と言ったのでした。こうして生まれたのが『大人になったら、着たい服』（主婦と生活社）です。

この本の取材を通して、素敵な先輩たちにたくさん出会いました。彼女たちが口をそろえて言った、おしゃれのコツがあります。それは「選ぶのは、普通の服でいい」ということ。それまで私は、いかにかっこいい服を手に入れるかが勝負！と思っていました。だから、どこか個性があって目立つ服を選ぼうとしていた気がします。でも、先輩たちの言葉から、やっとわかってきました。おしゃれは「洋服の力」ではなく、

「自分の力」でするものだということが。

以来、意識して「普通の服」を選ぶようになりました。丸首の白のニットセーターにグレーのパンツとか、ネイビーのパンツに白シャツを合わせるとか。そのうえで、「普通」だけで終わらないよう、気を配ります。パンツのシルエットを吟味したり、白シャツを少し出すことで垢抜けるから、袖口のロールアップを工夫をしたり。鏡の前の「最後の微調整」で、おしゃれ度がぐんとアップすることを知りました。

普通だから組み合わせも自在。あのパンツには、これもあれも合わせられる。こうして、「洋服を買っても買ってもおしゃれになれない」という悪循環から抜け出し、手持ちの服からおしゃれをする、という楽しみ方ができるようになった気がします。

私が苦手なのは、部屋の整理整頓だけではありません。洋服も、去年何を買ったかさえ忘れて同じようなものを買ってしまうし、クロゼットの中にどんな服が入っているかも把握できていませんでした。もしかして、それは思考も同じかも……。何を感じ、何を考えたか、その経験をきちんと蓄積し、アレとコレはどこかでつながっている、と解析する。人生の後半、インプットの量を少し減らし、部屋も洋服も思考も自分らしく並べ替えてみたいと思います。

アクセサリーは本物をカジュアルに

1

お気に入りのブランドを決める。

2

ゴールドよりシルバーのアクセサリーを選ぶ。

3

パールやヴィンテージジュエリーを普段着に合わせる。

右ページ／「ジョージ・ジェンセン」のネックレス。a／「カフェカフェマーケット」で買ったヴィンテージジュエリーと結婚当時に買ったパール。b／夏は大きめブレスレットで変化を。奥は「ユナイテッドアローズ」で。手前は北海道の木彫りの店で。

歳を重ねるほど、アクセサリーの力に助けてもらう

あれこれアクセサリーをつけるのが面倒で、長年ピアスだけ、という時代を過ごしてきました。でも、「普通の」洋服を選び、小物で変化をつける、というテクを知り、少しずつネックレスを買うようになりました。ところが、何を選ぶかが難しい。まわりの「大人になったら、カジュアルなシルバーではなくやっぱりゴールドでしょ」という声を聞き、華奢なゴールドの鎖に小粒の石がついたネックレスを買ったこともあります。でも私の場合は、首のまわりでクルクル回って、いつのまにか留め金が前にきてしまい、そのまま過ごしているなんてこともしょっちゅう。

そんなとき、実家に帰ったついでに、母が好きな「ジョージ・ジェンセン」のネックレスを借りてみました。若いころはシンプルすぎて、その魅力がちっともわからなかったのですが、これがなかなかいいのです！「そういえば、私も持っていたよな」と引き出しの中で眠っていたものを掘り出し、Tシャツに、カシミヤのクルーネックセーターにと合わせてみると、なんにでも合います。デンマークのこのアクセサリーブランドのテーマは「実用性と美の融合」なのだとか。たしかに甘すぎず、引き算す

ることで引き立つ美しさは、ハレの日というより、日常にこそ似合うよう。どこかキリッとした男前な空気をはらんでいるところも好きです。

さらに、カジュアルな服にこそ合わせたいのがパール。嫁入り道具として箱に入れっぱなしだった、冠婚葬祭用のパールのネックレスを、思い切って普段に使うようになりました。さすが本物、フェイクとは存在感が違って、ワンピースの襟元にすると引き立つし、Tシャツやボタンダウンのシャツの襟元に合わせてもかっこいいのです。

数年前、雑誌の取材で知り合ったのが、ヴィンテージジュエリーのお店「カフェカフェマーケット」を営む栗原はる子さんでした。栗原さんがイギリスで見つけてきた、100年以上前のガラスのネックレスやブレスレットのかっこいいこと！　キラキラと輝いているのに、時を経ているからどこか落ち着いて、「普通」に合わせるとガラリとイメージを変えてくれます。

出かける前のあわただしいときに、ピアスとネックレスとブレスレットと……と身につけるのは面倒なもの。でも、パッと顔の表情が変わり、いつもの服が違って見える。そんな効果を知れば、えっと今日はどれにしようかなぁ～と選ぶ時間までが楽しめるようになりました。

まずは白いパンツを1本買う

1

白いパンツを買う。

2

ネイビー、グレーなどのトップスと合わせる。

3

ボーダーや柄物とも合わせてみる。

右ページ／「パーマネントエイジ」のメンズのファイブポケットは長年はいて体に馴染んだ1本。a ／上下とも「アーメン」のもの。b ／パンツは「オアスロウ」、シャツは「プリット」。

トップスよりボトムスが白のほうが垢抜ける

『大人になったら、着たい服』の取材でよくお世話になっている「パーマネントエイジ」の林多佳子さんに教えてもらったのが、シンプルなコーディネートで垢抜けるためには、「まずは白いパンツを1本買う」ということでした。

それまで、黒、ネイビー、グレーなど暗い色のパンツしかはいてこなかったので、え、白？　汚れないかなあ？と最初は躊躇しました。でも試しにと、まずはメンズのファイブポケットのホワイトデニムを買ってみると……これが便利なのです！　白はどんな色も受け止めてくれる幅の広い色。ネイビーやグレーのほか、ボーダーも柄物も、手持ちのトップスをほぼすべて合わせることができました。

気がついたら、昨日も白パン、今日も白パンと、すっかり白パン中心のコーディネートに。しかも、ネイビーのパンツ＋白いTシャツよりも、白いパンツ＋ネイビーのTシャツというふうにトップスに濃い色をもってきたほうが、おしゃれさんに見えるから不思議！

これに気をよくして、今度は冬用にフランスのワークウェアブランド「アーメン」

の白いコーデュロイのパンツを買いました。こちらも大活躍！　冬はどうしても暗い色のコーディネートが多くなりますが、白のパンツをはくことで、印象がパッと明るくなります。シンプルなカシミヤセーターと合わせれば上品に着こなせるし、ちょっと賑やかなノルディック柄のセーターとの相性もバッチリ！

昨年、取材をさせていただいた、神戸六甲のギャラリー「モリス」の森脇ひろみさんは、真っ白なロング丈のギャザースカートをはいていらっしゃいました。トップスにはネイビーのジャケットをキリッと着こなし、胸元にはリバティ柄のスカーフを。これがまぁ、まぶしいぐらいかっこいい！　なんとスカートはお手製でした。さっそくまねしたい、と思っていたら、森脇さんが「じゃあ、縫ってあげましょう！」と「チェック&ストライプ」の生地で作ってくださいました。

パンツだけでなく、スカートも白が1着あると本当に便利。ボーダーカットソーを合わせてもいいし、白だけのワントーンコーデもおしゃれです。

コーディネート力に自信がない人、あれこれ考えるのが面倒なズボラさんほど、白の投入は効果的。あれ？　なんだか私おしゃれになったみたい？と鏡の前でニンマリするはずです。

毎日持てるバッグを選ぶ

1

体にフィットする持ち手を選ぶ。

2

口が大きく開いて、出し入れしやすいかを確認する。

3

持ち歩いて疲れない重さかどうか確かめる。

4

持った姿がかっこいいか、チェックする。

右ページ／丸みのある形の「m0851」のテニスバッグ。上／持ち手の長さも調節可能。

今のお気に入りが、次のもの選びの基準に

何か欲しいものがあったら、あっちの専門店、こっちのセレクトショップと探して歩き、比べて吟味して、やっとお気に入りを見つける——。私には、そんなお買い物の緻密さがまったくありません。たまたま取材した方が使っていたバッグをまねして買ったり、たまたま会った人が勧めているお店で靴を見つけたりと、その時々で行き当たりばったり。「せっかくだから使ってみようか」と手に入れて、気に入ったらずっと使い続け、イマイチだったら1回だけでさようなら。そうやって残ったものが、今私の身のまわりにあります。

でも「いいものを手に入れる」って、そんなものかなぁとも思うのです。どんなに考えても、計画しても、出会いがなければ選ぶことはできません。そして、それがいいか悪いかは、使ってみないとわからない。よく「ものを見る目を育てる」と言いますが、「見る」だけで判断できるようになるなんて、とても無理！と思うのです。

新しいものを買っても、結局いつも持つのはコレ、と戻ってしまうバッグがあります。それが、『大人になったら、着たい服』の取材で教えてもらった「m０８５１」

の「テニスバッグ」という名前のバッグ。毎日持つのには、理由があります。驚くほど薄くやわらかい革なので重たくない。革だから、古びないし、時がたつほど味わい深くなる。小ぶりに見えるのにA4の書類がちゃんと入る。持ち手の長さが変えられて、ハンドバッグにもショルダーバッグにもなる。肩にかけても痛くなくてずり落ちない、などなど。

洋服が黒、グレー、ネイビー、白などシンプルなので、バッグでアクセントをと、変わった形や派手な色のバッグを持ってみたこともあったけれど、仕事のときは、やはり機能第一！　駅で財布がパッと出せて、重たい書類を入れて持ち歩いても疲れず、ちょっとかっこいい。当たり前のことを満たしてくれるバッグはたくさんないのです。

こうやってものを使いながら感じたチェックポイントが、次のものを選ぶ際のものさしになってくれます。私は、お店で新たなバッグを手に取ると、この「テニスバッグ」を基準に、「持ち手が細いから肩に食い込むよな」とか「口が狭いから出し入れしにくいな」と判断するというわけです。今手にしているものが、どうしていいのかを考えて分析し、自分の中に比較検討できるデータを蓄積する。それが「ものを選ぶ目を磨く」ということなのかもしれません。

ワンピースがあれば安心

1

華やかすぎず、普段の延長線上にある
ちょっときれいめワンピースを選ぶ。

2

タイツやソックスは上質なものを選ぶ。

3

靴は甘すぎないレースアップシューズかローファーを合わせる。

右ページ／「ミシェル・ボードアン」のワンピース。a／同じく「ミシェル・ボードアン」の夏用コットンワンピ。b／レースアップシューズは「ショセ」、ローファーは「パラブーツ」。c／靴下はとても大事。「ダジャ」で買った「パンセレラ」のウールの薄手リブソックス。

ワンピースの決め手は丈の長さ

ときどきトークショーなどでおしゃべりしたり、司会をさせていただいたりすることがあります。「おへそ塾」というワークショップを開くことも。そんな、普段より少しだけおしゃれをしたいときに頼りになるのがワンピースです。普段、私はほぼ99パーセント、パンツスタイルですが、ちょっと改まったときや、きれいめコーデにしたいとき、ワンピースは1枚着るだけでサマになるので、とても便利なアイテムです。

問題は、どんなワンピースを選ぶか。私の場合、パーティやお食事会に出かけるのとは違い、仕事の延長線上で着るので、あまりエレガントすぎるものも、華やかすぎるものも必要ありません。適度にカジュアルで、適度にちゃんとして、適度に素敵。でも、そんな1枚がなかなか見つからない！

私が勝手にパーソナルスタイリストと決めている、セレクトショップ「ダジャヤ」オーナー、板倉直子さんがすすめてくださったのが、フランスのブランド「ミシェル・ボードアン」のワンピースでした。春夏用も、秋冬用も、前ボタンでシャツをワンピースにしたような形。ウエストをベルトで締めて着こなします。グレーやネイビー、ブルーのチェックなど、季節ごとに2枚ずつそろえました。いたってシンプルな形で、どちらかといえば地味なのに、これを着ていると、よく褒めていただいたり、「どこのものですか?」と聞かれたりします。トラッドで男前に着こなす1枚が、逆に女らしさを引き立ててくれるのもうれしいところ。

ワンピースで大事なのは、丈の長さだと思います。膝丈なのか、くるぶし近くまであるロングなのかで、同じデザインでもまったく印象が違います。身長167センチの私は、大概のワンピースがちょっと短い。そうすると、妙に子どもっぽくなってしまいます。でも、「ダジャ」では、別注の丈の長いサイズがあるので大助かり! 足元はエナメルのレースアップシューズに白いソックスを合わせたり、タイツをはいてローファーにしたり。

自分一人だったら、絶対にこのワンピースに目がいかなかったと思います。際立った個性はないけれど、ストンと体に馴染み、ちょっと辛口で、がんばりすぎていない。そんな良さは、袖を通してみるまでわかりませんでした。暮らしや仕事に寄り添ってくれるワンピースが一枚あればどんな場面でも自分らしくいられるような気がします。

ズボラでも、時間差肌ケア

1

化粧水を塗ったら10分間家事をする。

2

10分たったら乳液を塗る。

3

乳液を塗ったらまた10分間家事をする。

4

10分たったらメイクに取りかかる。

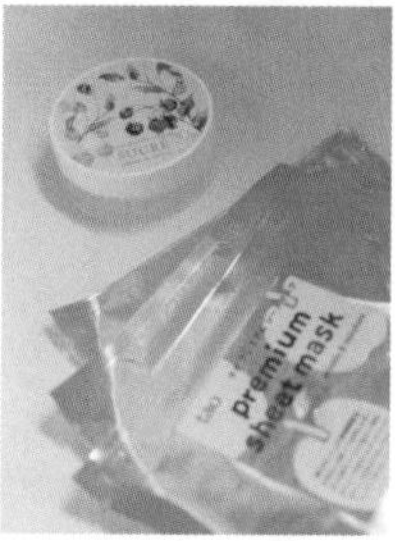

右ページ／化粧水は「無印良品」、乳液やアイクリームは「ソルーナ」、上／「tao」のシートマスクと「サボン デ シエスタ」のフェイススクラブ。

生き生きと元気な顔で人に会えるように

若いころはあれこれ高価なスキンケアも試したけれど、歳を重ねるとシンプルなものが一番と思うようになりました。朝はバタバタしているし、夜はお風呂からあがるとすぐにベッドに直行したいし、あれを塗ってこれをつけて……と手間をかける暇はありません。とはいっても、ケアをしないとどんどんお肌が衰えるから恐ろしい！50歳を過ぎてますます肌が敏感になり、すべてのスキンケア用品をオーガニック系のものに変えました。

『大人になったら、着たい服』で、プロのヘアメイクアップアーティストさんに、肌ケアのことを教えていただきました。へ～っと感心したのが「時間差ケア」です。まず、顔を洗ったら化粧水をたっぷりつけます。私は「無印良品」の敏感肌用高保湿タイプというリーズナブルな化粧水を愛用。これなら気兼ねせず、バシャバシャ使うことができます。

その後がポイント！　すぐに保湿クリームを塗らず、ちょっと時間をおきます。朝だったら、窓を開けたり、ベッドを整えたり。そして、10分ほどして洗面所に戻り乳液などを塗ります。私は、有機無農薬栽培される植物を原料に、天体の周期にそって製造するというドイツのオーガニックコスメ「ソルーナ」のスキンケアシリーズを使っています。乳液を塗ったら、ゴミを捨てに行ったり、洗濯の準備をしたり。こうして、少し時間をおいてから、メイクに取りかかります。あえてインターバルをおくことで、化粧品が肌にしっかり浸透し、より効果的に肌の調子を整えてくれるというわけ。合間の10分間に、家事や身じたくなどを上手に組み合わせて、ルーティンにしておけば、面倒に感じることもありません。

日々のケアはいたってシンプルですが、ひとつの大きな仕事が終わったら、自分へのごほうびにスペシャルケアをすることもあります。札幌の石けん屋さん「サボンデ シエスタ」のスクラブは、一粒一粒を植物オイルでコーティングした砂糖でできています。顔を洗った後に両手にとって、顔をマッサージするだけで、砂糖の浸透圧によって、肌がもっちりふっくらします。その後、知り合いの美容室「tao（タオ）」オリジナルのパックを。これはりんごのエキスで肌本来の再生力をアップさせるというもの。翌日の肌が断然違います。生き生きと元気な顔で人と会えるように、肌はきれいに整えておきたいと思うこのごろです。

アイロンかけ、万歳！

1

シャツやパンツは、ピシッとアイロンをかける。

2

圧倒的なスチームパワーの「ティファール」のアイロンを使う。

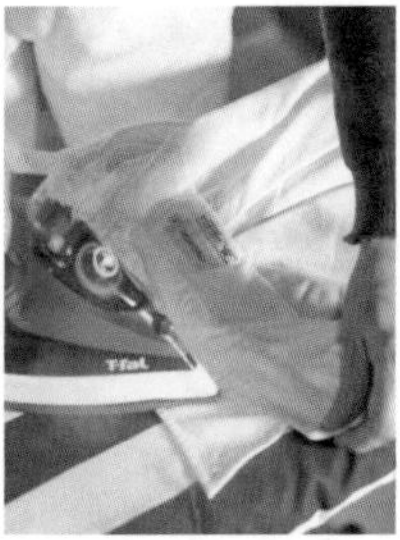

右ページ／「ティファール」のスチームアイロンは軽くすべらすだけでシワが伸びる。上／襟は内側から外側へかける。

無心でアイロンをかける時間が好き

面倒くさがりなのに、なぜかアイロンかけが好きです。シャツやパンツなどをアイロン台の横に置き、順番にアイロンをかけてピシッとさせて、ハンガーに吊るしていく――。手を動かしている間は無心になれるし、目に見えてきれいになる達成感が味わえるからかもしれません。

実家の母は、家族の下着にまでアイロンをかける人です。学生のころ、学校から帰ると、母がテレビドラマを見ながらアイロンをかけていたなぁ。スチームアイロンが嫌いで、今も霧吹きをしてから、重たい昔ながらのアイロンでかけています。

そんな母の口癖は、「高価な洋服より、きちっとアイロンをかけた洋服のほうが、よっぽどおしゃれに見えるよ」というものでした。

ときどき、仕事で実家に泊まり、朝目を覚ますと、父が私が着ていくシャツにアイロンをかけておいてくれたりします。洋服のことがわかっていないので、ジーパンにセンタープレスが入っていて「おいおい！」と困ったりするのですが。一田家はみんなアイロン好きなのかも。

かつては私も、シーツやバスタオル、キッチンクロスにまでアイロンをかけていました。ピシッとアイロンをかけたシーツで眠るのは最高に気持ちいいのです。ところが、東日本大震災の後、計画停電などがあり、それを機に電気を無駄づかいしないようにと、これらのアイロンかけをやめました。アイロン好きとしては、ちょっと寂しいですが、これがラクチンで！　夏に汗をダラダラ流しながら、シーツ2枚、かけ布団2枚のアイロンをかけるなんてこともなし。

アイロンは、道具の良し悪しで、その仕上がりが断然違います。私が愛用しているのはティファールのもの。圧倒的なパワーでスチームが繊維の奥深くに浸透して、頑固なシワをピシッと伸ばしてくれます。すべるようにスムーズに動き、適度に重くて、力を入れずに動かすだけで、たちまち美しくパリッと仕上がります。

実は、2年ほど前、10年以上使ったティファールが壊れたので、違うメーカーのものに買い替えました。すると、全然ピシッとかからない。がまんして2年ほど使いましたが、つい最近、またティファールに買い替えました。久しぶりに使ってみると、その違いにびっくり。なんてスイスイとシワが取れるのでしょう。家事をラクにするためには、機能的な道具を選ぶことも、大きなポイントだと思います。

5 なんでもない時間こそ宝物

古《ふる》屋《や》暮らしのいいところ

1

古くても、利便性が悪くても、光と風が巡る家を選ぶ。

右ページ／廊下と木枠の窓が気に入って、この家に住むことを決めた。奥の絵は波多野光さん作。a／白い食器棚は病院で使われていたもの。b／障子越しの光は優しい。c／りんごの木箱に板をのせただけの食卓は、三重県関宿のギャラリー「而今禾(じこんか)」で。

部屋づくりは、古い家の佇《たたず》まいにお任せする

わが家は、築50年の平屋です。古い家が好きで、ここの前に住んでいたのも、大家さんの離れという小さな一軒家でした。

真ん中の和室2間《けん》の襖《ふすま》をはずしてリビングにしています。庭に面して縁側のような廊下が1本通り、来た人は皆「おばあちゃんちみたいだね」と言います。木枠の窓だし、家中すき間だらけ。冬はかなり寒いです。それでも、夏は夏らしく、冬は冬らしく過ごせ、雨が降れば庭の土の香りがする。そんなこの家が私は大好きです。

古い家のいいところは、家自体が力を持っていること。飴色《あめいろ》の柱、木枠の窓、障子。その佇《たたず》まいが味わい深いので、あれこれインテリアにこだわらなくても、そこそこいい感じになってくれます。だからここに引っ越して、そろえた家具は3つだけ。食卓代わりに使っているのは、木のりんご箱の上に、伊勢型紙の裁断板をのせたもの。3人がけのソファは「パシフィック・ファニチャー・サービス」で。昔病院で使われていたという白い食器棚は「アンティークス　タミゼ」で。あとは家に「お任せ」しただけです。

すっきり、気持ちよく暮らすために一番大切なものは、「空間」だと思います。凝った家具や素敵な雑貨よりも、窓から差し込む陽の光が生み出す陰影のほうが、ずっと美しい。実はこの家を借りるとき、家賃はかなり予算オーバーでした。でも、そのシーズンに買う洋服を1着減らしてでも、住まいが心地いいほうがいい。私の中でのプライオリティは、やっぱり「家」だったのです。

どんな家に住むか、その基準は人それぞれです。都心の便利な場所がいい、という人もいれば、新築じゃないとイヤという人も。私の場合、不便でも、古くてもいい。その代わり、そこそこの広さがあり、光と風が巡る家がいい。それが条件でした。

ズボラな私は、引っ越してから1度も模様替えをせず、10年間ほぼ何も変わらないまんま。でも、朝起きて、掃除を終え、部屋を見渡すと、今でも「あぁ、いい家だなぁ」とここに住める幸せを感じます。飽きっぽい私が、何も変わらぬことに満足しているなんて、奇跡のよう。季節ごとに変わる光や、庭の風景など、自然には飽きが来ないのかも。そして、家賃のために、「さあ、仕事ガンバロウ！」と思うのでした。

朝は、ウォーキングに出る

1

30分間、速足でウォーキングをする。

2

歩いている最中は音楽を聴かない。

3

帰ったら、30分間ヨガをする。

右ページ／朝、30分のウォーキングに出かける。a ／レッスンに通って習ったアーサナ（ヨガのポーズ）を組み合わせてヨガタイム。b ／ウォーキングしながら空を見上げるのが楽しみ。

毎日少しずつ、を続ければ必ず効果が現れる

目覚めたての朝は、すべてのことの能率が上がります。この時間を何に使うかが大きな問題！　私にとって、いい原稿を書くことが何より大事なので、原稿を書きたいのはやまやまなのですが、掃除もしないといけないし、ちょっと運動もしたい……。

午前中、家にいられる日には「朝のフルセット」に取りかかります。まずは半身浴を。その後ウォーキングに出かけます。以前は夜、食後に歩いていたのですが、試しに朝行ってみると、その気持ちのいいこと！　6時ごろ、まだ人通りが少ない住宅街を歩くと、体の細胞がプチプチ目覚めるような気がします。

家にずっといて、家事や仕事にバタバタ動いていると、「そのこと」だけに集中して、「そのこと」が「生活の〝一部〟である」、という事実を忘れがちです。でも、一歩外に出ると空があり、風が吹き、四季が巡っていることを感じます。「そのこと」の外側には、こんなにも広大な世界があったんだ！と気づくことができ、1か所をぐるぐる回っていた思考が解けて、おおらかな気持ちになります。そうすると、不思議なもので「あ、そうか！」と違った角度から、答えが降りてきたりするのです。

こうして、速足で30分間、約2キロを歩きます。たったこれだけですが、歩いているのといないのとでは大違い。続けていると自然に足腰が強くなり、日常生活でも「歩く」ことが億劫でなくなります。歩かないと、たちまち筋肉が落ちるのか、近距離でもすぐに疲れてしまいタクシーに乗りたくなったり、駅で階段を上るのを避けたり。

ウォーキングから帰ると、今度は30分間〝なんちゃってヨガ〟を。私は極度に体が硬く、学生時代の立位体前屈では毎回マイナスだったし、長座をするだけでもきつい。それが、4〜5年前にヨガのパーソナルレッスンに通い、家でも毎日30分間だけヨガをするようになると、なんと立って体を曲げ、床に手のひらをペタンとつけられるようになった！　こんなレベルの低い話ですが、私にとっては大変革だったのです。血流が良くなり、肩こりも少しマシになりました。

体は正直なもの。毎日少しずつ動かしていると、必ずその違いを自分の体で実感できます。なんでも三日坊主の私が、「続ければ、必ず成果は出る」と信じられるようになったのは、この日々のウォーキングとヨガのおかげのような気がします。

天の紅茶

お茶の時間

1

好きなリーフティー、コーヒー豆を決めておく。

2

忙しいときは、おいしいティーバッグを使う。

3

庭のハーブでハーブティーをいれる。

右ページ／「あまたま農園」の「天の紅茶」。a ／「マリアージュフレール」のティーバッグは自分へのごほうびに。b ／コーヒー豆は「カルディコーヒーファーム」で。

「これじゃなきゃ」という定番を決めておく

温かい飲み物が大好きです。そして、一日中絶えずちびちび何かを飲んでいる気がします。朝起きるとまず白湯《さゆ》を飲み、その後、コーヒーを5～6杯分まとめていれて、「サーモス」のポットに入れておきます。一日家で原稿を書く日には、コーヒーばかりガブガブ飲むと体に悪そうなので、「一保堂茶舗」のいり番茶をこれまたポットに入れておきます。家で昼ごはんを食べるときは、パンを焼き、サラダを作り、紅茶をいれます。

出かけるときは水筒に白湯を入れて持って行くし、出張先にも必ずお気に入りのティーバッグや携帯用のコーヒーを持参し、ホテルの部屋でいれて飲みます。どうやら私はお茶やコーヒーを飲むことで、充電をしているよう。

なので、お気に入りの茶葉やコーヒー豆をそろえておくことは、とても重要です。今、一番気に入っているのは、「くらすこと」の藤田ゆみさんに教えてもらった、熊本の「あまたま農園」の「天の紅茶」です。リーフティーは、これ以外は飲みません、というぐらい好き！

コーヒーは、本当は「カフェ・ヴィヴモン・ディモンシュ」の「ブラジル」という豆が好きですが、あまりに消費量が多いので、普段は「カルディコーヒーファーム」のリッチブレンドを1か月に1度、1キロまとめ買いします。

夜、原稿の合間に手間をかけずにいれるのは、「マリアージュフレール」のティーバッグ。とくに「カサブランカ」というミント風味の緑茶とベルガモットフレーバーティーをブレンドした紅茶が好きです。

あるとき、生のレモングラスにお湯を注いで作るハーブティーをいただいたら、あまりにおいしくて、家でも飲みたくて早速庭に植えました。疲れたときに、これを飲むと、す〜っと気分が晴れ渡るようで、今ではなくてはならないお茶になりました。

たかが飲み物ですが、好きな香り、味のコーヒーや紅茶は、心を落ち着かせる役目を果たしてくれます。香りは頭をクリアにしてくれるし、体が温まり、疲れが取れます。原稿に行き詰まったとき、デスクを離れ、お湯を沸かして、いい香りのお茶をいれる。たったそれだけで、心のスイッチが切り替わるとしたら、やっぱりお気に入りを常備したい。「なんでもいい」より「これでなきゃ」という定番は、スイッチの効果を倍増させてくれる気がします。

気分に耳を傾ける

1

いい気分でいられるよう、心と体を整える。

2

気分がのらないときは、無理してやらない。

3

がんばった後は、グダグダする。

右ページ／クッション干しは車の上で。
上／お茶でスイッチを切り替えることも。

テキパキモードとウダウダモードで自分のバランスをとる

私が運営するサイト「外《そと》の音《ね》、内《うち》の香《か》」に、「坂下真希子のサラダ弁当」というコンテンツがあります。記事を書いてくれている坂下さんは、毎週水曜日の朝に、きちっとアップしてくれます。『暮らしのおへそ』編集長の梅田さんは、毎週末近所のカフェに行き、1週間分の領収書を整理して家計簿をつけるそうです。私は、こういうことができない……。きちんと計画を立て、それを毎回同じように淡々とこなす、ということが非常に苦手です。

ウェブサイトは気分がのれば書くし、領収書の整理も「やる気モード」になればやる。つまりは、いたって「気分屋」だってこと。気分がのっていないのに、無理してやると、集中力がないから時間がかかるし、ちっともはかどらず、しかも心がこもっていないので、せっかくやっても、後からまたやり直すことになります。

さらに、おかしなことに、私は忙しくなればなるほどエンジンの回転速度が上がり、集中力がどんどん高まって、「テキパキモード」がスーパーマックスになっていきます。「じゃあ、これをいつまでに」「あっちをやるついでにこっちを」と段取りをつけ、さっさか仕事を片づけます。そして、いつも思うのです。「お〜、私、やればできるじゃん！」「この調子をずっと保っていられれば、もっと暮らしに余裕が生まれて、メリハリをつけて毎日が過ごせるかも」って。

ところがそうはうまくいきません。忙しさのピークが過ぎ、やっと一段落すると、いきなりエンジンがスローダウン。やらなくてはいけないことがあるのに、ウダウダ、グダグダ。そんな気分に振り回される自分がイヤで、何度も計画を立てては挫折して……を繰り返すうちに、もしかして私は「気分」によって、自分のバランスをとっているんじゃなかろうか？と思うようになりました。ずっとテキパキモードだったら、体も心もすり減って疲れてしまいます。「気分がのらない」とウダウダすることで、自分を休めているのかも。だったら、「気分」にちゃんと耳を傾けてみようと思ったのです。そして少しでも「いい気分」でいられる時間が長くなるように、よく眠り、きちんと食事をし、よく笑うように。

原稿を書いていて筆が進まなくなったら、クッションを庭に干しに行きます。これだけで心がさっぱりして、新たな気持ちで机に向かえます。自分の「気分」と上手につきあうことで、一日の中の「できること」が変わってくるように思います。

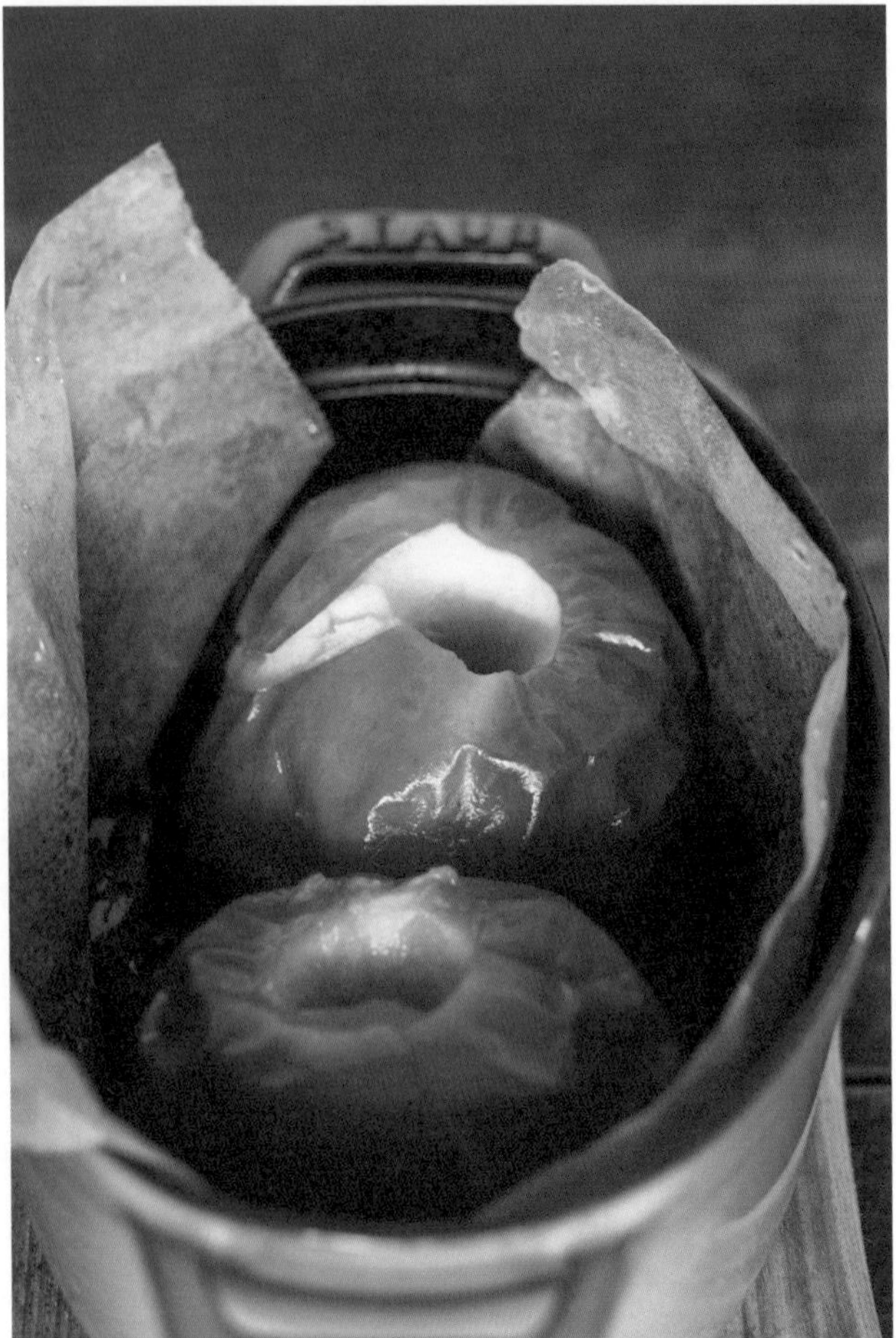

おやつの時間

1

冬は「ストウブ」の鍋で焼きりんごを作る。

2

あずきを煮ておく。

3

白玉だんごとあわせて、なんちゃってぜんざいにする。

右ページ／「ストウブ」の鍋に紅玉を入れて蒸し焼きに。a／白玉ぜんざいを食後のデザートに。b／焼きりんごはおもてなしにも。c／あずきを煮て冷蔵庫にストック。白玉だんごはゆでた後バットにのせて冷凍し、固まったら保存容器に移すと、くっつかず1個ずつ使えて便利。

食事の後のデザートタイムは、自分へのごほうび

『暮らしのおへそ』で料理家の長尾智子さんを取材させていただいたとき、「デザートのために料理を作る」とおっしゃっていました。きゅうりとチーズをかじって前菜に。メインディッシュにパスタを食べて、最後はデザート。おいしさは、そんな組み合わせで作る「流れ」なのだと。私も食後は、ちょっと甘いものが食べたくなるので、夕食は腹八分ほどですませ、デザートタイムに突入します。チョコレート1かけ、「虎屋」の羊羹《ようかん》1切れということも多いのですが、余裕がある時期には、自分のためにデザートのストックを作っておきます。

夏は、梅シロップを作っているので、それを使ったゼリーを。梅シロップは、梅を凍らせて、同量の氷砂糖と交互にびんに詰めておけば1週間ほどでできるのでとても簡単。しかも炭酸やお湯で割って飲むと本当においしいのでおすすめです。この梅シロップをお湯で割ったもの750ミリリットルに、ゼラチンパウダー15グラムを加えて混ぜると、「野田琺瑯《ほうろう》」の深型容器Lにちょうどの量になります。これを冷蔵庫で冷やすだけ。桃やプラムを添えて梅シロップをかければ夏のデザートになります。

冬は、「なんちゃって焼きりんご」を。紅玉の芯をくり抜き、ここにバターを詰めます。「ストウブ」のミニ鍋にりんご2つがジャストサイズ。オーブンシートを敷いてりんごを入れ、上からメープルシロップをかけてフタをして蒸し焼きに。家中が甘酸っぱい匂いに満たされて、それだけで幸せな気分に。熱々でも、冷めてからでもおいしいです。食後に½個ずつ食べます。

このほか、牛乳500ミリリットルを温め、卵4個、砂糖100グラムを加えて、カラメルの上に流し入れてオーブンで焼く焼きプリン、あずきをコトコト炊いて白玉だんごに添えて食べる「なんちゃってぜんざい」などを作ることも。あずきは水に浸す必要がなく、洗ってすぐ煮て、最後に砂糖で味つけするだけなので簡単。アイスクリームにかけても絶品です。小麦粉を使ったケーキやクッキーは時間がかかるし、私の年齢ではちょっと重い……。ゼリーなら手間は5分ほど。焼きりんごもプリンもぜんざいも、作業時間はほんの10分ほどで、あとは鍋やオーブン任せです。「デザートを作るなんてマメですね～」と言われますが、要は食べたいだけ！　作ったことがない方は、一度トライしてみてください。自分で作ると本当においしいですから。一度食べればきっと、面倒くさがりを食欲がノックアウトしてくれるはずです。

FIVE
YEARS
DIARY

50歳からの家計管理

1

財布にレシートがたまったら費目ごとに分けた小引き出しに移す。

2

レシートを見ながら、エクセルの現金出納帳に打ち込む。

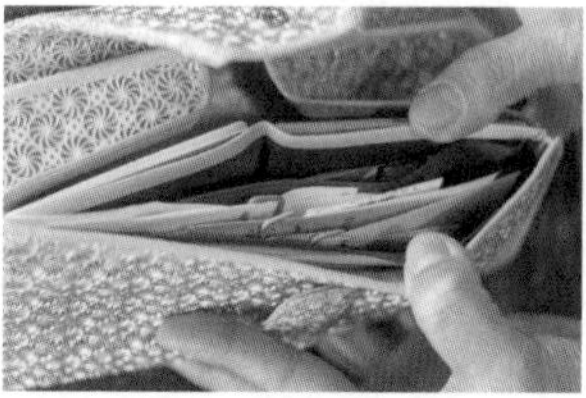

右ページ／「無印良品」のアクリルケースに領収書を分類。上／財布の中の領収書は経費の精算がしやすいよう、出版社別にクリップでまとめている。

お金の流れから、無意識の生活パターンが見えてきた

フリーライターという仕事は、収入がとても不安定です。毎月決まったお給料があるわけでなく、手がけた雑誌や書籍ごとに「ギャランティ」という形でいただきます。「不安定なんだから、お金の管理なんて無理無理」とずっとどんぶり勘定でやってきました。領収書やレシートだけは保存しておき、確定申告が近づいてくると、会計士さんにお任せ！　でも、胸の奥のどこかで「なんとかしなくちゃ」と思っていたのも事実です。どうしたら、お金の管理ができるようになるんだろう？　自分のお金を「見える化」するにはどうしたらいいんだろう？　そんな答えが知りたくて、『わが家のお金を、整える』という一冊を作りました。作りながら、みんながどうしているのかを知りたくて、まわりの人に聞いて回りました。

「おへそチーム」の編集者、和田紀子さんは、自宅に帰ると財布の中から領収書をすべて出して、毎日空っぽの財布で出かけるそうです。さらに、フリーランスなのでギャランティが振り込まれるたびに、その1割を貯金してきたそう。なるほど～！　えらい！　フォトグラファーの岡田久仁子さんは、「交通費」「会議費」などに分けた

ファイルを用意しておき、持って帰った領収書やレシートをそこへ放り込むことにしているそうです。これなら私でもできそう！　さっそく「無印良品」でアクリルの小引き出しを買ってきて、費目ごとにラベルを貼って領収書入れを作り、今では、財布がいっぱいになったらココへ移動しています。

『かあさんの暮らしマネジメント』で取材をさせていただいた、保手濱《ほてはま》歌織さんに教えてもらったのは、「Zaim」という家計簿アプリでした。写メでレシートを撮影するだけで、家計簿をつけることができるというもの。何にどれぐらいお金を使っているのか把握するには、手っ取り早い方法かもと、1か月だけやってみました。すると驚いたのなんの！　なんと食費がウン万円超え！　駅から近いという理由だけで高めのスーパーで、何も考えずに買い物していた結果の数字でした。数字ってこんなふうに自分の無意識の行動を洗い出してくれるのですね。実は、今年から新たに税理士さんにお願いし、現金出納帳をつけたり、マネーソフトを利用したりと、なんとか「自力」で管理ができるよう指導してもらっています。50歳を過ぎていながら、私の家計管理は始まったばかり。ここから「お金の流れ」が見えてきたら、何かが変わるのかな？とちょっと楽しみにしています。

Miu
Raya

本は読み終わったら処分する

1

本を読み終わったらその場で、保存版か処分するかを決める。

2

保存版だけ本棚にしまう。

右ページ／処分する本は紙袋にひとまとめに。たまったら古本屋さんへ。a／津田晴美さん、田口ランディさん、長田弘さんなど保存版の本。b／押し入れに板を渡して本棚に。

いる・いらないは、「今」決める

私は活字中毒で、何かしら本を読んでいないと落ち着きません。とはいっても、ソファに座って、音楽を聴きながらゆっくり読書を……という時間はほとんどなし。きっと、どんな人も読書といえば、暮らしの中のすき間時間で上手にするものなのではないでしょうか？

私の一番の読書タイムは、お風呂に入っているときです。読みかけの本を持って、風呂のフタの上にタオルを広げ、そこに本をのせて読み始めます。毎日半身浴で20分以上は湯船に浸かるので、どんなに仕事に追われていても、この時間はどっぷり読書。途中から眠くなって、本を閉じて寝てしまう、なんてこともあるのですが。

仕事柄、読まなくてはいけない本も多く、当然どんどん読み終わった本や雑誌がたまっていきます。昔は、自分が手がけた雑誌はストックしたし、読んだ雑誌でいいなと思ったページは切り取ってファイリングしたり、感動した小説やエッセイはすべて取っておきました。

わが家には本棚がなく、押し入れ1間分の上段に棚をつけ、そこに本をしまっています。押し入れは奥行きがあるので、3～4列に本をストックすることができ、どんどん入れているうちに、重さで押し入れの中板がはずれてしまいました。「ためすぎ！　重すぎ！」と夫に言われ、なるべく少なくする努力をしてきました。

ここ数年で、読んだ本を取っておくことはほとんどなくなりました。というのも、どんなに感動した本でも「読み返す」ということはめったにない、とわかってきたから。世の中には、まだ読んでいない本が山ほどあります。それを読むとすれば、すでに読んだ本を読み返している時間はない。そう割り切ったというわけです。

読書に限らず、私には「取っておく」という行為が向いていないよう。ストックする、ということは、それを「使う」術《すべ》を身につけていなければなりません。何を持っているかを把握し、必要に応じて出し入れできるシステムを持っていないと……。私には無理なのです。

マメでない自分が判断を後まわしにすると、暮らしの中に未解決の吹きだまりがたくさんできてしまいます。だったら「今」判断することが大事！　本は最後の1ページを閉じたら、取っておくものは押し入れへ、処分するものは専用の紙袋へ。ジャッジをスピードアップすることで、身軽に暮らしたいと思うこのごろです。

手みやげリストを作っておく

1

おいしくて、かわいいものを見つけたら、手みやげリストに加える。

2

わざわざ遠くまで買いに行くのは大変なので、近場で見つける。

3

時には、食べ物でなくハンドクリームやリップバームをプレゼントする。

c

b

a

右ページ／「ダンディゾン」の「モザイクミュレ」は箱もかわいい。a／ドライフルーツがぎゅっと詰まった「モザイクミュレ」。b／「源吉兆庵」の「粋甘粛」は干し柿に白あんを詰めた上品な和菓子。c／「Float」のリップバームをプチギフトにすることも。

自分が食べておいしいものを差し上げる、という基本

取材で誰かのお宅を訪ねるとき、小さな手みやげを持っていきます。それは、「あなたと会うことを楽しみにしていました」という気持ちを伝えるもの。だから、なんでもいいからとりあえず駅ビルで買っちゃえ！みたいなことは、できるだけ避けたいと思っています。

できるなら、自分が「おいしいな」「いいな」と思ったものを持っていきたい。時には有名菓子店のケーキより、誰もが知っているチェーン店の和菓子屋さんの隠れたおまんじゅうで、「これ、意外においしいんですよ」とお渡しするほうが、気持ちが伝わることもあります。それでも、忙しい日々の中では、夕方近くなって「あ、明日○○さんちに取材に行くんだった！」と思い出し、「手みやげ買っていなかった、何にしよう？」とあわてることがしょっちゅう。そこで、これなら！と思う手みやげリストを作っておくことにしました。

まず、一番が「ダンディゾン」の「モザイクミュレ」。ドライフルーツをギュッと固めたようなケーキで、コーヒーや紅茶にも、ワインにも合うので、甘党、辛党どち

らの人にも必ず喜んでもらえます。自宅近くにお店があって、すぐ買いに行けるのもうれしいところ。和菓子なら、「あけぼの」のモチっとした歯ごたえの「もちどら」や、「源吉兆庵」の干し柿の中に白あんを詰めた「粋甘粛《すいかんしゅく》」など。料理家さんのお宅を訪ねるときは、おいしいものをたくさん知っていらっしゃるので、あえて食べ物を避け、ハンドクリームやリップバームなどをプレゼントにすることもあります。藤田ゆみさんが主宰する「くらすこと」のネットショップで見つけたオーガニックコスメ、「Float（フロート）」のリップバームは、ミツロウとアーモンド油に精油をブレンドしたもの。ローズとゼラニウムの香りが良くて、練り香としても使えます。これをまとめて購入しておき、久しぶりに会う友人、知人にプレゼントしたりもします。

一年の始まりには、いつもお世話になっている方々にお年賀を送ります。このときばかりは、はりきって、昨年一年間で出会ったベストワンのお菓子を取り寄せることにしています。「カオリーヌ菓子店」のバスクチーズケーキ、「デルベア」のバウムクーヘン、「ヴォアラ」のクッキーなど。本当に心を込めて選んだかどうかは、ひと口食べると伝わるもの。「この間いただいた、あのお菓子、おいしかったから自分でも取り寄せちゃいました」と聞くと、よっしゃ！とガッツポーズをしたくなります。

復活Dayを作る

1

今日は一日空いているという日は早起きをする。

2

部屋を徹底的に掃除する。

3

出しっぱなしのものを片づける。

右ページ／リビングのロッキングチェアに
脱いだ服がたまっていく。上／たまった
DMを整理。

部屋を片づけながら、座標軸をゼロに合わせる

こんなふうに、暮らしを楽しむ工夫を綴っていても、仕事が立て込んで精神的にも切羽詰まってくると、いろんなシャッターが下りてきます。まずは朝のウォーキングをパスする。次に掃除を毎日しなくなる。食卓の上に書類やDMなどがごちゃ混ぜに積み上がっていく。キッチンがベトベトギトギトになっていく……。

そして、ようやく一段落ついて「さあ、今日は休みだ」となった日、朝からクルクル動きまわり、作業に取りかかります。久しぶりに掃除機をかけると、あっちこっちにホコリがふわふわ浮いて、廊下は砂っぽく、洗濯機パンの中には髪の毛や糸くずがたまり……。たった1~2週間ほどでこんなに汚れるのか！と思うほど。普段の倍以上の時間をかけて掃除をしながら、「やっぱりサボった後の掃除は、こんなに大変になっちゃうんだ」と深く反省。

食卓の上の書類は「いる」「いらない」を判別しながら、不要なものはビリビリ破いて処分し、きれいに拭き掃除をし、ソファの上にたまっていた脱ぎっぱなしの服を洗ったり、片づけたり。こうして元どおりに復活するころには、心が清々《せいせい》してきます。

「今度こそ、忙しくても掃除だけはちゃんとやろう」と決心するのですが、また切羽詰まってくるとなんにもできなくなります。きちんと計画的に暮らせる人は、何かをため込まず、きちんと段取りをして過ごせるのでしょうが、私は、ためる→リセットする→復活するというループをずっと繰り返しています。

でも実は、この復活Ｄａｙがなかなか好きだったりします。ぐ〜っと地下に潜《もぐ》るかのように仕事に没頭し、やっとひと山越えたら暮らしを整える。そんな作業の中で、私の座標軸のゼロ地点は、やはり「暮らし」なのだなぁと実感するのです。好きな家に住み、好きな器をそろえて、ごはんを作って食べる。日々を心地よくするために、掃除をし、洗濯をし、片づける。外の世界で受けた刺激や学んだことも、この家へと持ち帰って、自分の暮らしに還元させる。

世の中にはいろんな価値観があるけれど、私の場合、誰かの生き様も、おしゃれも、ものづくりも、デザインも、すべてのジャンルから聞いたこと、知ったことを「暮らし」に落とし込み、「自分にとって、コレはどういう意味を持つのだろう？」と考えるのが楽しい。汚れをため込んだ部屋を掃除しながら、毎回そんなことを考えます。

文庫化によせて

2018年に単行本で『丁寧に暮らしている暇はないけれど。』を出版し、びっくりするぐらい大きな反響をいただきました。これまで、フリーライターとして多くの人の家を取材させていただいてきたけれど、自分の暮らしについて、ここまで細かく書いたのは初めてでした。「私の生活なんて、みんな興味あるのかな?」と、原稿を書きながら不安に押し潰されそうになったものです。

若いころからずっと自分に自信がなくて、「いやいや私なんて」と尻込みをしてきました。なのに、「いいライターになりたい」「いつかエッセイを書きたい」という野心だけはあって、その自分の中のアンバランスさに、どっちに進んでいいかわからないままでした。でも、この本が「腹を括《くく》る」ということを教えてくれた気がします。「いやいや私なんて」という謙遜は、「もっと時間をかければ、もっといい感じにできるはず」という見えない過信の裏返し。じゃあ、どれぐらい時間をかければいいの?と問いかけてみても、答えはいつまでたっても出ないのかも。

きっと誰もが仕事でも暮らしの中でも「私なんて大したことはない」と言っていた

いのだと思います。自分が持っている力なんて所詮《しょせん》ちっぽけなもの。だからこそ、唯一できるのは、ありのままの今を差し出すこと。ダメかもしれないし、正解かどうかはわからないけれど、やってみる、出してみる。そしてうまくいかなかったらそこで考える。そうやってアップデートしていくことが、毎日を前向きに楽しむコツかなあと思うこのごろです。

一田憲子（いちだ・のりこ）
1964年京都府生まれ、兵庫県育ち。編集者・ライター。
OLを経て編集プロダクションへ転職後、フリーライターに。暮らしまわりを中心に、書籍・雑誌で執筆。独自の視点による取材・記事が幅広い層の人気を集めている。『暮らしのおへそ』『大人になったら、着たい服』（ともに主婦と生活社）では、編集ディレクターとして企画・編集に携わる。著書多数。近著に『明るい方へ舵を切る練習』（小社）、『人生後半、上手にくだる』（小学館クリエイティブ）がある。
外の音、内の香
https://ichidanoriko.com/

本作品はSBクリエイティブより2018年3月に刊行された『丁寧に暮らしている暇はないけれど。時間をかけずに日々を豊かに楽しむ知恵』を改題し、再編集して文庫化したものです。

だいわ文庫

丁寧《ていねい》に暮《く》らしている暇《ひま》はないけれど。
実践《じっせん》！ 自分《じぶん》にぴったりの住食衣《じゅうしょくい》41のヒント

著者 一田《いちだ》憲子《のりこ》

©2023 Noriko Ichida Printed in Japan

二〇二三年五月一五日第一刷発行

発行者 佐藤 靖
発行所 大和《だいわ》書房
東京都文京区関口一―三三―四 〒一一二―〇〇一四
電話 〇三―三二〇三―四五一一

フォーマットデザイン 鈴木成一デザイン室
本文デザイン 成澤 豪（なかよし図工室）
本文写真 興村憲彦
本文印刷 萩原印刷
カバー印刷 山一印刷
製本 小泉製本

ISBN978-4-479-32054-8
乱丁本・落丁本はお取り替えいたします。
https://www.daiwashobo.co.jp